高职高专体育教育专业系列教材

体育教育——擒拿格斗

主　编　齐少波

副主编　李丽娜

参　编　裴亚杰　　王阳阳

　　　　郭小涛　　高建伟

西安电子科技大学出版社

内 容 简 介

本书是根据《全国普通高等学校体育课程教学指导纲要》和"健康中国2030"规划纲要的指导精神编写的。在内容编排上，将武术擒拿格斗习练、教学与训练、营养与恢复、急救常识等紧密结合起来。本书共13章，每个技术章节都由动作说明、动作要领和动作演示图等内容构成，力求使武术擒拿格斗习练者对技术动作有一个宏观的把握；在教学与训练部分增设了训练计划，训练计划是编者根据多年实践经验精心设计的，既能帮助习练者制订循序渐进的学习计划，又能对教学者起到科学训练的提示；在营养与恢复部分，编者紧扣科学训练、健康训练思想，以通俗易懂的语言将营养与恢复的相关知识融于武术擒拿格斗教学与训练全过程；在急救常识部分，介绍了擒拿格斗常见损伤的现场急救常识，以保证运动训练得以持续健康地进行，保证训练水平不断提高。

本书不仅可作为政治安全保卫、民族传统体育、运动训练、体育教育等专业和国防教育类专业的专业课教材，也可作为普及武术教育的教学用书及武术习练者和爱好者研习擒拿格斗的参考书。

图书在版编目(CIP)数据

体育教育——擒拿格斗 / 齐少波主编. —西安：西安电子科技大学出版社，2022.8(2024.2重印)

ISBN 978–7–5606–6498–9

Ⅰ. ①体… Ⅱ. ①齐… Ⅲ. ①擒拿方法(体育)—高等学校—教材②技击(体育)—高等学校—教材Ⅳ. ①G852.4

中国版本图书馆 CIP 数据核字(2022)第 095614 号

策　　划　秦志峰
责任编辑　秦志峰
出版发行　西安电子科技大学出版社(西安市太白南路2号)
电　　话　(029) 88202421　88201467　　　　邮　　编　710071
网　　址　www.xduph.com　　　　　电子邮箱　xdupfxb001@163.com
经　　销　新华书店
印刷单位　咸阳华盛印务有限责任公司
版　　次　2022 年 8 月第 1 版　 2024 年 2 月第 2 次印刷
开　　本　787 毫米×1092 毫米　1/16　印张 13.5
字　　数　303 千字
定　　价　40.00 元
ISBN　978–7–5606–6498–9 / G

XDUP 6800001–2
***如有印装问题可调换

前　言

擒拿格斗是中国传统拳术之一，是中国传统武术的一个组成部分，也是中华武术宝贵的文化遗产，源远流长、历史悠久。据《春秋公羊传·庄公十二年》记载："(宋)万怒，搏闵公，绝其脰。"所谓"绝其脰"，就是用擒拿中的"锁喉法"使之气绝而死。汉班固《汉书·郦陆朱刘叔孙传》载："夫与人斗，不搤其亢，拊其背，未能全胜。"，同样的描述在《史记·刘敬叔孙通列传》中也有出现，"夫与人斗，不扼其亢，拊其背，未能全其胜也。"亢，是喉头，"搤亢"是擒拿的一种方法。由于擒拿有明显的技击作用，故为历代兵家所重视。明代戚继光《纪效新书》卷十四《拳经捷要篇》中介绍各拳术名家时就有"山东李半天之腿，鹰爪王之拿，千跌张之跌，张伯敬之打"的记载。《宁波府志·张松溪传》(清雍正宁波知府曹秉仁纂修)卷三十一也谈到内家拳有"敬、紧、径、劲、切"五字诀，有"七十二跌、二十五拿"等。

擒拿格斗是一门攻防结合的综合性实用技术，现多用于公安、特警以及武警部队。擒拿格斗技能是国防相关专业学生必须掌握的一种技能，也是武术类专业学生必须习练的基本功。习练者经过长时间的学习和锻炼，不仅能增强自身体质和健康水平，保证自身安全，为学习其他专业技能奠定基础，而且也能为以后走向工作岗位打击、约束和制服违法犯罪行为起到一定的积极作用，更能为培养中华传统文化继承者、传播者服务，持续推动以少林功夫为载体的中华优秀传统文化传播与发展，讲好中国故事、传播好中国声音、阐释好中国特色、展示好中国形象。

本书是以培养中华传统文化继承者、传播者等应用型人才为出发点，同时也服务于部队、公安等国家安全领域，因此在编写时借鉴、吸收了传统武术、竞技体育和军警技术等诸家之长，在总结长期教学训练经验的基础上，在学校及院系领导的大力支持下编写完成。

本书由齐少波任主编，李丽娜任副主编。

由于编者水平有限，加之时间仓促，书中难免存在疏漏，敬请广大读者和专家斧正。

编　者

2022 年 3 月

目　　录

第一章　身体素质训练

　　人们的一切运动，无论是日常生活、生产劳动、军事训练还是体育运动，其基本能力表现在很多方面，如肌肉收缩力量的大小，完成动作的快慢，身体移动一定距离的速度，肌肉持续工作时间的长短等。人们通常把人体在运动中所表现出来的柔韧性、速度、力量、灵敏性等机体能力称为身体素质。良好的身体素质是掌握运动技能、提高运动成绩的基础。体育教学训练应重视身体素质的训练，擒拿和格斗的技术动作也不例外，身体素质训练是擒拿格斗术的重要基础。

　　身体素质虽然是通过肌肉活动表现出来的，但却反映着人体功能的发挥情况，完成任何一个动作都要求身体素质的全面发展，而且必定会突出一种或几种切合专项特点的素质，身体素质的优劣决定于神经系统特别是大脑皮层对机体活动的调节情况，以及组织器官的形态机能和生物化学变化情况，掌握身体素质的生理特点及发展规律，是正确进行擒拿格斗训练的科学基础。

第一节　柔韧素质训练

一、柔韧素质的定义

　　柔韧素质是指人体关节在不同方向上的运动能力以及肌肉韧带等软组织的伸展能力。柔韧素质是通过关节的活动幅度，即按一定的运动轴产生转动的活动范围而表现出来的。

二、柔韧素质的分类

　　柔韧素质分为一般柔韧素质和专项柔韧素质。

　　一般柔韧素质，是指机体中最主要的那些关节的活动幅度，如肩、膝、髋等关节的活动幅度，这对任何运动项目都是必要的。

　　专项柔韧素质，是指专项运动所需要的特殊柔韧性，专项柔韧素质是掌握专项运动技术必不可少的重要条件。

三、柔韧性训练的方法和手段

1. 柔韧性训练的方法

柔韧性训练一般采用拉伸法，拉伸法又分为动力拉伸法和静力拉伸法。在这两种方法中又都有主动拉伸和被动拉伸两种不同的训练方式。

动力拉伸法是指有节奏地，通过多次重复同一动作的练习使软组织逐渐地被拉长的练习方法。

静力拉伸练习时，先通过缓慢的动力拉伸动作将肌肉等软组织拉长，当拉伸到一定程度时要暂时静止不动，使这些软组织保持被持续拉长。

在训练中常常将这两种方法结合起来，即在做拉伸练习时应有动有静、动静结合。

上述两种训练方法可主动完成，亦可被动完成。主动柔韧性练习是指运动员靠自己的力量将软组织拉长，如做站立体前屈等；被动柔韧性练习是指在外力帮助下使运动员的软组织得到拉长，如教练员帮助运动员压腿等。

在做被动柔韧性练习时，动作幅度一般都会超过主动柔韧性练习的指标，运动员的被动性练习与主动性练习的指标差距越大，说明这名运动员的柔韧素质潜在的能力越大。逐渐增大动作幅度和肌肉退让性的练习，是发展动力性柔韧性有效的练习。

静力缓慢拉伸对牵张反射不起作用或少起作用。突然进行急式拉伸练习，会引起牵张反射，使同一块肌肉收缩，影响柔韧性练习。

2. 柔韧性训练的主要手段

发展肩部、腿部、臂部和脚部的柔韧性训练的主要手段有：压、搬、劈、摆、踢、绷及绕环等练习；发展腰部的柔韧性训练的主要手段有：站立体前屈、俯卧背伸转体甩腰及绕环等练习。

四、柔韧性训练的基本要求

1. 发展柔韧素质与力量素质相结合

发展柔韧素质与力量素质相结合，不仅可以避免或消除两者之间的不良转移，而且有助于两种素质的协调发展。柔韧性训练后一定要做放松练习，以使肌肉柔而不软、韧而不僵。

2. 注意柔韧性训练与温度和时间的关系

外界温度过高或过低都会影响肌肉的状态和肌肉的伸展能力。一般来说，当外界温度在18℃时，有利于柔韧性的表现。在一天之内，早晨柔韧性明显要低，但这不等于早晚不能进行柔韧性训练，只要做好准备活动，一天之内任何时候都可以进行柔韧性练习。

3. 柔韧性训练应保持经常进行

柔韧性发展快、易见效，但训练效果消失也快，停止训练时间稍长一些，柔韧性就会退化。因此，柔韧性训练要保持经常进行。如果处于专门提高关节活动幅度阶段，应该每天都要安排发展柔韧性的练习；在保持阶段，一周安排不超过 3～4 次，训练量也可减少。但在全年训练的任何一个时期，都应安排发展或保持柔韧性的练习。

4. 采用多种手段发展柔韧性

不能把拉伸练习作为柔韧性训练的唯一手段，在很多情况下持续慢跑结合一些动力性柔韧性练习是运动员柔韧性训练较好的方法。加拿大国家跨栏队教练布伦特·麦克法兰推荐的一套柔韧性训练，其中包括如下内容：

(1) 2×50 米，8 次朝前和朝后慢跑交替进行。

(2) 2×50 米，特慢速跑。上体前倾，一只手触地，加速跑 10～15 米。

(3) 50 米，抬膝，向上踢腿，双腿交替进行，来回慢跑。

(4) 50 米，像手中有一条绳子一样跳，注意跳的过程中的抡臂动作。

(5) 50 米慢跑，同时依以下方式小步跳：脚后跟先着地，然后过渡到脚掌、脚趾。

(6) 50 米走，侧交叉腿、臂，一次换一侧。

第二节　力量素质训练

一、力量素质的定义和分类

1. 力量素质的定义

力量素质是指人体神经肌肉系统在工作时克服或对抗阻力的能力。肌肉工作时以收缩产生的拉力克服阻力。肌肉工作要克服的阻力包括外部阻力和内部阻力。外部阻力，如物体重量、摩擦力以及空气的阻力等；内部阻力，如肌肉的黏滞性、各肌肉间的对抗力，主要来源于骨骼、肌肉、关节囊、韧带、腱膜、筋膜等组织的阻力。

2. 力量素质的分类

依据力量素质与运动专项的关系，可分为一般力量与专项力量；依据力量素质与运动员体重的关系，可分为绝对力量和相对力量；依据完成不同体育活动所需力量素质的不同特点，可分为最大力量、快速力量和力量耐力。在本节中，针对运动训练实践的需要，主要对最大力量、快速力量(含爆发力)、力量耐力及相对力量的评定及训练方法予以阐述。

(1) 最大力量是指肌肉通过最大随意收缩克服阻力时所表现出来的最高力值。

(2) 快速力量是指肌肉快速发挥力量的能力，是力量与速度的有机结合。

(3) 力量耐力是指肌肉长时间克服阻力的能力。

(4) 相对力量是指运动员单位体重所具有的最大力量。相对力量对体操、跳高等项目是十分重要的，因为这些项目要求运动员具有较大的克服自身体重的能力，一方面要求运动员具有较大的最大力量，另一方面还要求运动员的体重不能过大，即要求运动员具有良好的相对力量。

在日常训练中常常使用"爆发力"一词，爆发力是快速力量的一种表现形式，是指张力已经开始增加的肌肉以最快的速度克服阻力的能力。

二、力量训练的方法与手段

(一) 力量训练的基本方法

1. 动力性等张收缩训练

人体相应环节运动，肌肉张力不变，改变长度产生收缩力克服阻力的训练称为动力性等张收缩训练。动力性等张收缩训练可分为向心克制性及离心退让性两类工作形式。

(1) 动力性向心克制性工作：肌肉在做动力性向心克制性工作时，肌肉长度逐渐缩短，所产生的张力随着关节角度的变化而改变。因此，练习时根据专项运动的需要，掌握好发挥最大肌力的关节角度，可得到事半功倍的训练效果。

(2) 动力性离心退让性工作：实验表明，肌肉做离心收缩时所产生的张力比肌肉做向心收缩时所产生的张力大 40%。股四头肌做离心收缩时所承受的负荷是做向心收缩时所承受负荷的 2 倍。由此，人们利用离心收缩的原理创造了"退让训练法"。肌肉退让工作是指肌肉在紧张状态中逐渐被外力拉长的工作，即起止点彼此向分离方向移动，故又称为离心工作。如用杠铃做的两臂弯举中，当臂部积极用力将杠铃往上举起后，再用手抵抗回降动作慢慢地将杠铃放下就属于此种性质工作。

与向心力量训练相比，退让训练能克服更大阻力，更有效地发展"制动力量"，这是因为离心收缩能动员更多的运动单位参与工作。

做离心收缩练习时，动作要慢，所需时间应比向心收缩的时间长 1 倍左右。

2. 静力性等长收缩训练

在身体的固定姿态下，肢体环节固定，肌肉长度不变，改变张力克服阻力的练习方法，称之为静力性等长收缩训练。

肌肉做静力性等长收缩训练时，可以动员更多的肌纤维参与工作，表现出的力量大，力量增长也快，并节省训练时间。但是由于肌肉紧张，血管封闭，肌肉中血液循环可发生不同程度的暂时性中断，因而不能工作持久。

运动员在做静力性等长收缩训练时常常憋气，憋气有利于运动员表现出最大力量。如运动员背肌力量在吸气时可达到 119 公斤，呼气时为 127 公斤，憋气时可达到 133 公斤。但是，运动员憋气时间过长，会使胸内压升高，肺的血液循环恶化，从而可能会导致脑贫血，产生休克。所以在练习前应先做几次深呼吸，并应注意控制憋气的时间。憋气时间与负荷强度有关，如负荷强度为 100%时，憋气时间为 2～3 秒；负荷强度为 90%～80%时，憋气时间为 4～8 秒；负荷强度为 70%～60%时，憋气时间为 6～10 秒。

一次训练课的静力练习时间不应过长，冬季训练中高水平运动员可达半小时。夏季比赛期，为保持已有的力量水平，每次训练 5～10 分钟即可。静力练习应与动力练习结合起来，可按照 1∶5 的比例安排练习。

3. 等动收缩训练

等动收缩训练是由美国李斯特尔等人于 1967 年创立的。等动收缩训练是在特制的等动练习器上进行，练习时，肢体动作返度保持不变，肌肉始终发挥较大张力完成练习。等动练习集等长和等张之所长于一身，有利于最大力量的增长。

4. 超等长收缩训练

超等长练习时先使肌肉做离心收缩练习，然后接着做向心收缩练习。利用肌肉的弹性，通过牵张反射加大肌肉收缩的力量，如跳绳等练习。

5. 循环训练法

发展力量耐力训练可将几个训练手段编组循环进行。如：手握轻杠铃片(哑铃)做双臂前后绕环，摆臂＋肋木举腿＋连续跳绳＋手扶肋木腰弓起＋连续快速摆髋＋快速轻杠铃卧推＋连续快速半蹲起＋向前跨步跳。这样做可使上下肢、前后肌群和大小肌群的用力搭配在一起，一次课做 3～5 组，组与组之间可以慢跑作为间歇。

(二) 力量训练的主要手段

(1) 负重抗阻练习：如运用杠铃、壶铃、哑铃等训练器械。可用于机体任何一个部位肌肉力量的训练，是训练最常用的手段。

(2) 对抗性练习：如双人顶、推、拉等，依靠对抗双方以短暂的静力作用发展力量素质。对抗性练习不需要任何训练器械及设备，又可引起练习者的兴趣。

(3) 克服弹性物体的练习：如使用拉力器、拉橡皮带等，依靠弹性物体变形而产生的阻力发展力量素质。

(4) 利用力量训练器械练习：利用力量训练器械，可以使身体处在各种不同的姿势(或坐、或卧、或立)进行练习，可直接发展运动员所需要的肌肉力量，使训练更有针对性。使用力量训练器还可以减轻运动员的心理负担，避免伤害事故的发生。

(5) 克服外部环境阻力的练习：女沙地和草地跑、跳练习等。做这种练习往往在动作结束阶段所用的力量较大，每次练习要求不用全力，动作要轻快。

(6) 克服自身体重的练习：如引体向上、倒立推起、纵跳等。这类练习均由四肢的远端支撑完成，迫使机体局部承受自身体重，使机体局部部位的力量得到发展。

(7) 电刺激：用电刺激发展力量能力，将电极置于肌肉的起止端，电流强度以人体不感到痛苦为宜。经刺激后，肌肉体积没有明显增大，脂肪减少，力量得到提高。

三、力量训练的基本要求

1. 注意不同肌群力量的对应发展

根据专项竞技的需要，在主要发展运动员大肌肉群和主要肌肉群力量的同时，也要十分重视小肌肉群、远端肌肉群、深部肌肉群的力量训练。

2. 选择有效的训练手段

根据训练任务的需要，正确地选择有效的训练手段，规范并明确正确的动作要求。如发展股四头肌力量，可选负重半蹲起的练习，应要求运动员在练习时双脚平行或稍内扣站立，以求有效地发展股四头肌的力量。

3. 处理好负荷与恢复的关系

(1) 在一个训练阶段中，负荷安排应大中小结合，循序渐进地提高负荷量度。

(2) 在小周期训练中，应安排各种不同性质的力量训练交替进行，如在每周一、三、五可安排发展爆发力或最大力量为主的训练。

(3) 在每组重复练习中，注意组间的休息。一般来讲，训练水平较低的运动员组间休息要长些。

(4) 力量训练后，要特别注意使肌肉放松。肌肉在力量训练后会产生酸胀感，肌肉酸胀是肌纤维增粗现象的反映，也是力量增长的必然。但应采取积极措施消除肌肉的酸胀感，从而减少能量消耗，并能更好地保持肌肉弹性。

4. 注意激发练习者的兴趣

肌肉工作力量的大小与中枢神经系统发射的神经冲动的强度有着密切的关系。神经冲动的强度越大，肌纤维参与工作的数量越多；神经冲动越集中，运动单位工作的同步化程度也就越高，表现出的力量也就越大。因此，在运动训练中应注意有意识地提高运动员练习的兴趣与积极性，以求提高力量训练的效果。爆发力训练对神经系统兴奋性要求更高。

第三节　　速度素质训练

一、速度素质的定义和分类

1. 速度素质的定义

速度素质是指人体快速运动的能力，它包括人体快速完成动作的能力和对外界信号刺激快速反应的能力，以及快速位移的能力。

2. 速度素质的分类

速度素质包括反应速度、动作速度和移动速度。

(1) 反应速度是指人体对各种信号刺激(声、光、触等) 快速应答的能力。

(2) 动作速度是指人体或某一部分快速完成某一个动作的能力。动作速度是技术动作不可缺少的要素，表现为人体完成某一技术动作时的挥摆速度、击打速度、蹬伸速度和踢踹速度等。此外，还包含在连续完成单个动作时在单位时间里重复次数的多少(即动作频率)。

(3) 移动速度是指人体在特定方向上位移的速度，以单位时间内机体移动的距离为评定指标。

二、速度素质的评定及训练

(一) 反应速度的评定及训练

1. 反应速度的评定

人们通常采用测定反应时，即运动员对信号刺激作出反应所需的时间来评定运动员反应速度的好坏。运动员对不同种类的信号的反应时间是不同的，因此，往往根据不同项目的不同特点来测定运动员对特定信号的反应速度。如短跑、游泳等竞速项目，运动员主要接受听觉信号而开始竞技，而乒乓球选手则主要接受视觉信号而作出技战术反应。

对反应速度的评定，可以通过实验室精密仪器进行测量并加以评定，也可以用简易的方法进行测量与评定。

2. 反应速度训练时应注意的问题

(1) 反应速度由神经反射通路的传导速度所决定，基本属于纯生理过程，不受其他因素的影响。纯生理过程的提高是相当困难的，很大程度上取决于遗传因素，通过训练可使运动员潜在的反应速度能力表现出来并稳定下来。

(2) 要求运动员注意力集中。在训练中运动员注意力集中与不集中大不一样，运动员注意力集中，可使神经系统处于适宜的兴奋状态，使肌肉处于紧张待发状态。此时，肌肉的反应速度比处于松弛状态时可提高60%左右。当然，这种紧张待发状态必须有时间的限制，一般来说，适宜时间为1.5秒左右，最多不能超过8秒，把注意力集中在完成的动作上效果为好，可缩短潜伏时间。

(3) 反应速度的提高在很大程度上取决于运动员对信号应答反应的动作熟练程度上。若运动员动作熟练，则信号一出现，就会立刻做出相应的反应动作。在进行反应速度的训练时，还要经常改变刺激因素的强度和信号发出的时间。

3. 反应速度训练常用的方法手段

(1) 信号刺激法。利用突然发出的信号提高运动员对简单信号应答反应的能力。

(2) 运动感觉法。运用运动感觉法一般要经过三个阶段：第一阶段是让运动员以最快的速度对某一个信号作出应答反应，然后教练员把所花费的时间告诉运动员；第二阶段先让运动员自己估计作出应答反应所花费的时间，然后教练员再将其与实际所用的时间进行比较，目的在于提高运动员对时间感觉的准确性；第三阶段是教练员要求运动员按事先所规定的时间去完成某一反应的练习，这种练习可以提高运动员对时间判断的能力，从而促进反应速度的提高。

(3) 移动目标的练习。运动员对移动目标能迅速地作出应答，一般要经过看(或听)到目标移动所发出的信号，判断目标移动的方位及速度，运动员选择自己的行动(应答)方案和实现行动方案四个步骤。其中，判断目标的移动方位及速度的准确性与否，会导致所选择行动方案的正误，因此这是训练的重点。随着训练水平的提高，在目标移动的设计上可加大难度，如提高目标移动速度、缩短目标与运动员之间的距离等。

（4）选择性练习。具体做法是随着各信号复杂程度的变化，让运动员做出相反的应答动作。如教练员喊蹲下同时做下蹲动作，运动员则站立不动；或教练员喊向左转，运动员则向右转；或教练员喊"一、二、三、四"中某一个数字时，运动员应及时做出相应（事先规定)的动作等。

（二）动作速度的评定及训练

1. 动作速度的评定

因为动作速度存在于某一个技术动作之中，如抓举的动作速度、跳跃起跳的动作速度、游泳转身的动作速度，等等，所以动作速度的测量是与技术参数测定联系在一起的，如测量出手速度、起跳速度、角速度等。此外，通过连续多次完成同一动作，亦可求出平均的动作速度。

2. 动作速度训练时应注意的问题

（1）提高动作速度应与掌握和保持正确的技术动作紧密地结合在一起。

（2）专门性的动作速度训练与专项比赛动作要求相一致，如在短距离跑训练中所采用的专门性练习(小步跑、高抬腿跑等)、游泳运动员的转身练习时，都应对动作速度提出严格的要求。

（3）在使用反复做某一个规定动作(如两腿快速交替练习)为手段发展运动员的动作速度时，应合理地变换练习的速度。将最高速度与变换速度的练习结合起来，把相对固定(有规格的)的速度练习与变化(无规格的)的速度练习结合起来，并且要避免动作速度稳定在同一个水平上，力争让运动员超过平时的最高速度。

（4）动作速度训练中，练习的持续时间一般不宜过长。这是因为动作速度训练强度较大，要求运动员的兴奋性要高，一般来说不应超过 20 秒。

（5）练习与练习之间的间歇时间是由练习的强度所决定的，练习强度大，需要的间歇时间就应长些。但也不要忘记，间歇时间过长会使运动员神经兴奋性下降，不利于用"剩余兴奋"去指挥后边的练习，因此间歇练习也不宜过长，如持续时间 5 秒、强度达到 95% 以上的练习，间歇时间以 30～90 秒为宜。

3. 提高动作速度常用的方法

（1）利用外界助力控制运动员的动作速度。如在体操训练中，教练员常常用助力手段帮助提高运动员完成某一技术环节时的动作速度。在使用助力手段时，必须掌握好助力的时机及用力的大小，以便使他们能独立及早地达到动作速度的要求。

（2）减小外界自然条件的阻力，如顺风跑等。

（3）利用动作加速或利用器械重量变化而获得的后效作用发展动作速度。如利用下坡跑至平地继续快跑，可获得加速后效作用；在推标准铅球之前可先用加重的铅球做练习，以获得后效作用。

（4）借助信号刺激提高动作速度。如利用同步声音的伴奏，使运动员伴随着声音信号的快节奏做出协调一致的快速动作。

(5) 缩小完成练习的空间和时间界限，如球类利用小场地练习。这是因为快速动作的完成与持续练习的时间长短有关，也与完成动作活动范围(空间)大小有关，通过小场地的练习，可以限制活动的时间及活动范围，从而提高运动员完成动作的速度。

(三) 移动速度的评定与训练

1. 移动速度的评定

测定移动速度的手段常常用短距离跑。要求为：

(1) 距离不要过长，可用 30～60 米的距离。

(2) 最好不从起跑计时，而是测定运动员全速跑通过某段距离的能力。

(3) 在运动员不疲劳、神经兴奋性较高的状态下测定。

(4) 可测定 2～3 次，取最佳成绩。

2. 移动速度训练负荷量度的确定

提高移动速度有两个基本途径：一是力量训练，使运动员力量增长，进而提高移动速度；另一个是反复进行专项练习。无论通过哪个途径提高移动速度，训练中都必须重视确定适宜的训练负荷。

3. 提高移动速度的常用方法

(1) 发展最高移动速度，每次练习的持续时间不能过长，应以使每次练习均以高能磷酸代谢为主要供能途径，一般地讲，应保持在 20 秒以内。

多采用 85%～95% 的负荷强度，练习的重复次数不应过多，以免训练强度下降。确定间歇时间的长短，应能使运动员机体得到相对充分的恢复，以保证下一次练习的进行。休息时，可采用放松慢跑，做伸展练习。

(2) 各种爆发力练习。

(3) 高频率的专门性练习，如径赛运动员做高抬腿跑、小步跑、后蹬跑、车轮跑等。

(4) 利用特定的场地器材进行加速练习，如斜坡跑和骑固定自行车等。

第四节　灵敏素质训练

一、灵敏素质的定义和分类

1. 灵敏素质的定义

灵敏素质是指在各种突然变换的条件下，运动员能够迅速、准确、协调地改变身体运动的空间位置和运动方向，以适应变化着的外环境的能力。

衡量灵敏素质的标志是运动员在各种复杂变换的条件下能够迅速、准确、协调地做出应答动作。这就要求运动员必须具有良好的判断能力及反应速度，要求运动员随机完成的应答动作在空间、时间以及用力特征上相互吻合，组配协调。

2. 灵敏素质的分类

灵敏素质可分为一般灵敏素质和专项灵敏素质两类。一般灵敏素质是指在完成各种复杂动作时所表现出来的适应变化着的外环境的能力。专项灵敏素质是指根据各专项所需要的，与专项技术有密切关系的，以及适应变化着的外环境的能力。

二、灵敏素质的评定及训练负荷量度的确定

1. 灵敏素质的评定

评定灵敏素质的方法很多，如立卧撑测试、象限跳测验、滑步倒跑测验、十字变向跑及综合性障碍等。

2. 训练负荷量度的确定

发展灵敏素质主要采用变换训练法。变换训练法的训练强度一般较大，速度较快。练习次数不宜过多，训练时间不宜过长，因为那样机体疲劳力量就会下降、速度变慢、反应迟钝，不利于灵敏素质的发展。每次练习之间应有足够的休息时间，以保障氧气的补充和肌肉中高能物质的再合成；但休息时间过长，又会使神经系统的兴奋性下降，一般地讲，练习时间与休息时间可为 1∶3。

三、灵敏训练的主要手段

(1) 让运动员在跑、跳当中迅速、准确、协调地做出各种动作，如快速改变方向的各种跑、各种躲闪和突然起动的练习，各种快速急停和迅速转体的练习等。

(2) 各种调整身体方位的练习，如利用体操器械做各种较复杂的动作等。

(3) 专门设计的各种复杂多变的练习，如立卧撑、十字变向跑及综合变向跑等。

(4) 各种改变方向的追逐性游戏和对各种信号作出复杂应答的游戏等。

四、灵敏训练的基本要求

1. 灵敏素质要从少儿开始训练

灵敏素质的生理学基础是在中枢神经系统指挥下，将身体各种能力，包括力量、速度、协调性、柔韧性等综合地表现出来。神经系统是人体发育最早和最快的系统，儿童具有较优越发展神经系统的条件，如 7～12 岁具有良好的反应能力、6～12 岁孩子节奏感较好、7～11 岁具有良好的空间定向能力，等等，这些都为发展灵敏素质提供了良好的条件。女子进入青春期，由于体重增加，内分泌系统也发生了变化，会影响到灵敏素质的训练与表现。

2. 灵敏素质训练的安排

灵敏素质训练一般安排在训练课的前半部分，运动员体力充沛、精神饱满时进行。在进行灵敏素质训练时，教练员应采用各种手段消除运动员的恐惧心理或紧张状态，以保证训练取得良好的效果。

▶ 第二章 格斗基础知识 ◀

　　格斗，是双方在击打中相互较力的一种争斗形式，是武术技法在实际搏击中的应用，是击打技术应用于实际斗争中的一种方法。格斗是把掌握的技击方法和体内积蓄的力量一同迸发出来，以保证在短兵相接中稳操胜券。拳谚中说："拳是假，功夫真，力大还能强三分。"指的是既要尚武，又要尚力；又说："拳无拳，艺无艺，无艺之中是真艺"，是指武艺的练习必须达到炉火纯青的地步，此时的武艺才是真正的武艺，否则即是"花架子"，中看不中用。

　　对于格斗有多种叫法，建国前称之为"打擂台"，国外称之为搏击，现在比赛称之为"散打"，我国解放军、武装警察、公安干警称之为"格斗"，民间武术交手又称之为"技击"。总之，说法不一，但其内容实质却是相同的，即使用本身体内的全部力量，运用各种熟练的招法击打对方，起到战胜对方、保护自己的目的。

第一节 格斗概况

　　在我国，各种武术流派灿若群星，格斗招法浩如烟海，其历史源远流长。

一、格斗的沿革

　　从人类诞生那天起，人类就在为自己的生存同大自然、同自然界各种动物包括人类相互之间进行着生死搏斗。最初只是简单的打、踢、咬、抓等本能的动作，用这些动作击打对方，以便更好地保护自己，这是格斗的雏形。

　　随着人类的发展，人们大脑思维的增强，格斗技术不断发展，格斗技法日益繁多，并应用于军事斗争中。中国自夏朝起，就开始在军队中对士兵进行拳击格斗和各种兵器的训练。

　　到了秦朝时期，秦始皇统一六国后，"收天下兵器铸铜人"，大批士兵"解甲归田"。当时只允许军队训练，严禁民间操戈习武。士兵离开军队后，仍偷偷习武，由于没有兵器，只能徒手练习，从而促进了徒手格斗技术的发展，首创了徒手格斗对抗项目。当时出现的有"角抵"和"手搏"，并出现了"角抵社"等民间组织。

三国时期，"角抵"和"手搏"技术又被充实到军队训练中，格斗技术遍布于军队和民间。人们利用训练、学习、劳动间隙进行比武，通过切磋武艺提高技术水平和身体素质。三国时期著名大将甘宁就是"手搏"名家，据说"干拧"就是他发明的一种摔法。

唐、宋时期，格斗技术有了进一步的发展，军队把它作为战场杀敌的主要手段，民间把它作为强身健体的训练方式。其形式有两种：一种为套路演练，即把各种技击动作按套路编排下来，既美观又实用，有徒手对练套路，也有器械对练套路；另一种形式为格斗技术，以实用为主，有徒手格斗，也有持械格斗。当时还把擂台比武作为选拔武状元的一项主要内容。

明、清时期，格斗技术又有了进一步发展，形成了各种武术流派。各派将实用的攻防技术融汇于套路之中，大量的攻防技术通过各种套路保存下来。同时，套路又为攻防格斗提供了熟练的技术"散招"。随着时代的发展，在格斗技法上也有了进一步提高，拳、掌、肘、膝、头、足、胯、肩、齿等部位，都可以运用于格斗之中。随之各种练功方法也应运而生，武师们通过掌握一两手"绝招"以保证在格斗中取胜。

自从我军诞生后，格斗技术才真正掌握在人民手中。在土地革命、抗日战争、解放战争中，大刀片、红缨枪、刺杀、徒手格斗等都发挥了很大的作用，使对方闻风丧胆。在那段时间，涌现出了大批的杀敌英雄、格斗勇士，也有了许多可歌可泣的英雄事迹。同时格斗技术也成了警卫人员、保卫人员、侦察兵所必须掌握的克敌制胜的"法宝"。

解放后，格斗技术不但是军队、警察、保卫部门的训练科目，也是摔跤、拳击、柔道、散打等比赛项目的重要内容，特别是在武警部队、公安部门中已成为必不可少的训练科目。通过擒敌、捕俘训练，擒拿格斗技术在维护社会治安、打击罪犯的斗争中发挥了极大的作用。中国的擒敌技术已开始走向国际警察组织。

二、格斗漫谈

格斗技术，是把武术中的攻防技术拆散开来，将各种拳法、腿法、摔法、拿法贯穿于实际格斗之中，因时、因地、因势而灵活运用的一种打法。"出手不见手，拳打人不知"，在双方势态变化的瞬间战胜对方。

格斗中，要想击中对方，必须要掌握熟练的攻防技术、灵活的战术和有利的进攻时机。

1. 格斗中的进攻

进攻是战胜对方的主要手段，通常使用的攻击部位有拳、掌、腿、头、肘、膝、指等，以拳、腿、肘、膝的技法为最多。

对拳的要求是"出手软如棉，沾身硬似铁"。所谓软，是指拳在击打前软而不僵，肩臂松而不硬；硬是指在击打到目标的瞬间，集意念、力量于着力点，突发劲力，浸透肌肤，削弱对方战斗力。

肘为近身快打的一种方法，有"宁挨十手，不挨一肘"之说。这是因为，肘离身体近，击打速度快，使对方不易防守，同时肘尖面积小，击打时产生的压强大，而且击打部位多是胸、腹、肋等要害部位，所以肘法在实战中作用巨大。

实战中经常使用的还有腿。"手是两扇门，全凭腿打人"，可见腿法在实战中的作用。腿的骨骼大而且有力，腿长是整个身长的二分之一，击打距离远，且腿部在下方，不易被对方发现，进攻时容易得手。习武者历来都十分重视腿功，训练腿的技法很多，如踢、点、摆、扫、弹、丁、勾、铲等，有"拳似流星，腿如利箭"之说。掌握了过硬的腿法，就掌握了进攻的主动权。

腿法的用途可分为三个方面：其一是用腿直接攻击对方；其二是腿为拳打服务；其三是腿击为擒拿创造必要的条件。腿法训练同拳法一样，可分为三个步骤：

(1) 静练：练其稳固性。

(2) 动练：练其灵活性。

(3) 实战：练掌握距离感、时间差、进攻角度等。

擒拿是一招制敌的有效方法，反手为擒、正手为拿，概括下来有缠、锁、扣、切、压、拧、裹、绕、点、拿等，这些方法可以从前、后、左、右四个方向，上、中、下三个层次击打擒住对方。

2. 格斗中的防守

防守是战胜对方的必要手段，它是为进攻服务的。格斗中必须掌握过硬的防守技术，"上保咽喉下护裆，左右两肋正中央"，拳不离肘，肘不离怀，防中有打，打中有防。

防守通常分为上肢防守、下肢防守、躲闪防守三种。其还可分为防守不还击、先防后还击、防守同时还击、一边防守一边还击四种防守方法，也可不防守直接还击。如拳谚所说："上不架，中不拦，下不挂，不架不挂出手一下"。

3. 格斗中的防守反击

防守反击是后发制人的一种方法。它是在对方进攻时，采用防守方法，阻止、破坏对方的进攻，在对方回防无望的情况下击打对方的一种技法。防守反击是在步法、身法的配合下使用的，分为躲闪反击、驾挡反击、阻挡反击、进身反击四种反击方法。

防守反击时，必须掌握好距离感、空间差、时间差、进攻角度等，否则反击不易成功，而且还消耗自己本身的体力，因此要选择好进攻时机。

4. 格斗中进攻时机的选择

在格斗时，要想击中对方，必须要掌握一个有利的时机，它包括攻防变化、势态转变、角度变换、进身快慢、姿势高矮、击打速度等。正如拳诀所说："善圆走化能解脱，抢角占势争上风，肩眼须发一条线，出手一拳见真功。"因此在训练时就应掌握圆、角、线、点四个概念。

"圆"：是指身法要灵活圆滑，不呆板、不僵硬，格斗中随对方势态的变化而变化，在步法走动变换之间化解对方的攻势。

"角"：是指以最快的步法抢占进攻中的最佳角度和有利地形，以便避实就虚、觅人要害。

"线"：是指肩、眼、拳、肘与对方应构成一条直线，攻击时以最短的进攻路线进攻对方为最佳。集意念、力量于一点，快速冲拳，一次奏效，"我到他不到，自我最玄妙"。

"点"：是指要选择最佳攻击点。

格斗中进攻时机的选择方法是：

(1) 抢先进攻：格斗中在乙方进入甲方攻击范围后，而且在乙方未攻击前，甲方抢乙方欲向甲方攻击前的瞬间，抢先进攻，此时乙方防守困难，但进攻容易奏效，此为"先下手为强"。

(2) 抢角进攻：在正面进攻失败或乙方向甲方进攻时，甲方突然变换角度，使势态变成有利于甲方不利于乙方的攻防态势。

(3) 空间差攻击：甲方与乙方形成上下的空间差距，使乙方拳、腿走空，而甲方则在另一层次攻击乙方。

(4) 时间差攻击：乙方向甲方攻击时，甲方躲避乙方进攻，在乙方收拳、收腿、准备组织第二次进攻时，甲方在其收拳、收腿的时机进攻，抢乙方第二次进攻的时间差距。

(5) 距离差进攻：在同一时间内使甲方与乙方形成距离上的顺差和逆差攻击乙方。如：乙方向甲方攻击时，甲方突然近身攻击，使乙方在攻击距离上出现逆差，甲方攻击易奏效。

(6) 败中反击：乙方频频向甲方进攻，甲方步步撤退，当发现乙方进攻中露出空当时，突然打击乙方要害部位，转变攻防态势。

5. 格斗中的"神"

眼为心之苗，是格斗中的关键部位，"手到眼到，自得玄妙"，"手到眼不到，自我寻烦恼"。其要求是：手未到时眼先到，手随眼走，看准对方"空当"一次攻击奏效。只有眼快，才能手捷。这是因为：

(1) 两方对峙，首先要靠眼法掌握距离感，有了适当的攻防距离，才具备进攻的条件，否则进攻无从谈起。

(2) 当甲方进攻乙方时，必须先要用目光寻找最佳"攻击点"，发现空当后，进攻才有可能奏效，否则即是盲目瞎打。"十下八下，不如一下"，说的就是这个道理。

(3) 当乙方进攻甲方时，更应耳目并用。这是因为乙方冲拳、起腿、近身摔都是在变换姿势、步法的瞬间进行的，有时甚至是拳脚齐发，稍有不慎，眼神不到，必挨打无疑。

(4) 防守反击中眼法同样占主要地位。首先它可以让你在对方进攻之前发现对方进攻的预兆继而发现对方进攻的层次和攻击路线，以便及时做出正确的防守。其次在对方进攻后，能迅速发现对方防守的空当，抢"时间差"攻击，打对方措手不及，使对方防不胜防。

除此之外，过硬的眼法还能及时发现对方的实力、技术状况、攻击企图、攻击层次等。

　　意念是人的大脑思维。格斗中击打对方往往在零点几秒的瞬间进行，因此，平时训练应力争做到"有人打人，无人打影(自己)，无影打形(想象)，无形打意(意念)"，并要经常对着镜子练习，目中无人如有人，练习条件反射，增强反应能力。在实战中应聚气凝神，视对手如草芥，目中有人如无人，树立必胜信念，有我无敌。要达到这种境界，必须反复练习，并且要持之以恒。

三、格斗歌

1. 双方对峙歌

二人对阵，气沉聚神；胆大心细，神清智清；
善圆走化，抢角占风；拳置肘下，护裆护胸；
格斗姿势，高低适中；肩眼一线，步步见功；
步法灵活，亦防亦攻；战胜对手，成竹在胸。

2. 直线攻击歌

观其双肩，察其动静；沉肩坠肘，叩齿含胸；
虚晃一拳，二次进攻；拳脚相随，好似流星；
出手如绵，沾身如钉；腕直拳平，一拳见功；
若不招架，一次成功；犯了招架，紧逼不松。

3. 弧线击打歌

敌弱我者，脚踏中宫；敌强我者，绕走侧峰；
弧线击打，切莫放松；下打双肋，上打脖颈；
两腮被打，头昏发蒙；太阳一拳，神仙也惊；
角度变换，身在弧中；躲闪击打，更易成功。

4. 腿法攻击歌

发拳击打，不忘腿攻；扭腰送髋，攻势更猛；
双手看家，腿为先锋；侧踹腿时，专踹腹胸；
距离稍远，跳踹更凶；正面相对，前踹威风；
敌拳直打，肋必露空；看准空当，点脚踢中；
若打上盘，小腿踢丁；栏门一脚，又防又攻；
敌连攻击，后踹反攻；转身后摆，败中取胜。

5. 四肢防守歌

光会攻击，不能取胜；能攻能防，才算英雄；
平来格挡，高来采崩；低来切砍，近来撞钟；
敌从上打，我从下攻；敌攻中盘，阻挡护胸；
敌用腿击，截腿进攻；上下齐打，闪避其锋。

6. 防守反击歌

防守反击，格斗常用；　反复喂招，切莫放松；

格挡直拳，下盘反攻；　摆拳打来，后撤踢胸；

下勾拳打，阻肘膝顶；　横勾拳打，潜避反攻；

乱踢弹腿，提膝踹胸；　敌前踹腿，接腿砍颈；

敌侧踹腿，搂膝击胸；　敌踢边腿，阻挡侧蹬；

敌抱双腿，抹脖搬臀；　敌抱单腿，砸肘步弓；

敌持凶器，别眨眼睛；　寻找破绽，斗智斗勇；

由上扎来，抢先踢裆；　由下刺来，腕肘齐拧；

前腰被抱，提膝撞裆；　后腰被抱，沉身拳冲；

后领被抓，反打曲池；　前领被抓，指掐劳宫；

防守要严，反击要快；　以快制快，一次成功。

7. 时间差距歌

进攻防守，须抢时间；　相互差距，只在瞬间；

盲目乱打，消耗体力；　遇到强手，绝不蛮干；

进攻对方，先打刺拳；　造成错觉，再发重拳；

上盘击打，脚踢下盘；　中盘踢打，上盘相连；

防守之时，抓住时间；　太晚挨打，过早枉然；

若防腿时，垂肘沉肩；　若防摔时，沉身搬肩；

防守反击，手快眼尖；　敌拳没发，我拳抢先；

敌拳刚收，我拳相连；　敌腿刚发，撤步后圈；

敌腿到时，顺势击面；　敌若进身，勾拳打脸；

时间差距，关键在练；　熟中生巧，稳操胜券。

第二节　格斗知识

一、人体关节、要害部位及穴位

1. 人体骨骼与各部关节

在人体中骨骼与骨骼相连接，能活动的部位叫作关节。关节是由关节面、关节腔、关节囊及周围附着的韧带和肌肉组成，以保证在一定范围内活动。

(1) 颈椎(俗称脖关节)。颈椎是头部与躯干相连接的部位，共有七节椎体，被称为生命的中枢。颈椎能前伸、后仰、左右转动，如果受到外力击打或用暴力向左、右扳拧，轻者可使颈椎功能遭到损伤，重者会使人致残或死亡。颈椎受到严重打击后，能使神经及大脑失灵，因而导致一定部位的肌体萎缩或僵化。

(2) 肩关节。肩关节是人体中活动范围最大的关节，它是由肱骨、肩胛骨、关节盂、韧带和锁骨连接而成，它能做内收、外展、前屈和旋转运动，是连接臂手的重要关节。在格斗中若用暴力向左右拧拉或向后扳至极点，就会使其脱臼，或使韧带、肌肉撕裂，削弱战斗力。

(3) 肘关节。肘关节是由尺骨、桡骨上端、肱骨下端构成，活动范围较小，能前屈、伸直，并可随肩关节上下拨动。当肘关节伸直时，向后或向两侧猛折、踢打会造成脱臼或骨折。

(4) 腕关节。腕关节是臂部的主要关节，是由桡骨和腕部八块小骨组成。腕关节主要靠韧带连接，活动范围较大，能做前屈、后伸、内收、外展和旋转运动。但如果超过它的活动范围，内卷、后折或向两侧反拧、缠丝等，轻则会脱臼、韧带撕裂，重则会骨折。

(5) 膝关节。膝关节是人体下肢的重要关节，骨骼大而有力，它是由股骨、髌骨、腓骨、胫骨和半月板连接而成。膝关节能前伸、后屈，向前伸直或站立时，用暴力扳拧或踏踹膝关节，轻则使人倒地，重则会造成脱臼、骨折。

(6) 指关节。指关节除拇指外，其余各指均由三节短小指骨连接而成，它能前屈、伸直，活动范围较小，当伸直时用力向后或向两侧猛折就会造成骨折。且每个指部力量较小，便于控制。

(7) 踝关节(俗称脚脖子)。踝关节是由胫骨、腓骨、跟骨等连接而成，能内收、外展、伸直，活动范围较小，若用力踢蹦、拧拉则会造成脱臼、韧带撕裂，使其失去正常功能。

(8) 寰关节(俗称腮部)。寰关节是连接上下颌部位的关节，当受到暴力打击或扣、压时，会造成脱臼，使其失去正常功能。

2. 人体要害部位及穴位

在人体受到外力的打击或压迫时，使人出现伤残、昏迷、休克、死亡以及某些组织和肌体发生功能障碍的部位，称之为要害部位。

1) 头部

头为五阳之首，是人体的主宰，有听觉、视觉、嗅觉，以及大脑、小脑等人体重要器官，直接控制和影响人体各部位姿态，其要害穴位有：

(1) 太阳穴：在上耳廓和眼角延长线的正中交点上。

(2) 耳底穴：又称作阳穴，在下颌上缘下耳廓后面。

以上两处穴位附着脑的主动脉，离大脑较近，受到打击后，血管壁膨胀，会导致血液不能流畅，造成大脑缺氧，同时颅外部附着极薄的肌肉和毛皮，脑部容易受到震荡，轻者昏迷，重则死亡。

(3) 眉心穴：又称作印堂，在头前额，两眉中间。

(4) 藏血穴：下耳廓至后脑延长线的正中交点上。

(5) 督脉穴：脑后枕骨部。

(6) 鼻部三角区：鼻尖以上，两眉尖以下部位。

以上各穴位受到击打后，轻则流泪、流血不止，重则昏迷浮气，遇风时会有生命危险。

2) 胸腹部

胸腹部是指肩胛骨、锁骨以下，下腹部以上的部位。人体的重要器官都在这个部位，心、肝、胃、脾等内脏器官受到打击后，会疼痛难忍。胸腹部的要害穴位有：

(1) 华盖穴：心口上 8 厘米处正中线上。

(2) 黑虎偷心穴：心口正中。

(3) 巨阙穴：心口下 4.5 厘米处。

(4) 水分穴：脐下 2 厘米处。

(5) 气海穴：脐下 4.5 厘米处。

(6) 中极穴：脐下 12 厘米处。

(7) 膺窗穴：左右乳上 4.8 厘米处。

(8) 乳根穴：左右乳下 4.8 厘米处。

(9) 期门穴：左右乳下 4.8 厘米两旁各 3 厘米处。

(10) 章门穴：左右肋梢软骨处。

以上各穴及穴位附近，若受到重击，轻则会口鼻出血，重则会昏迷休克。这是因为心、肝、胃、脾等内脏器官受伤所致。

3) 喉部

喉部是颈椎的前部，两侧附有颈动脉血管。喉部的要害部位有：

(1) 咽喉：包括食道和呼吸道。

(2) 廉泉穴：喉结上方，内 3 厘米。

以上两处若受到重击，或受到卡、捏、掐等，会使人呼吸不畅，血液不能流通，大脑得不到供血，若时间较长，会致人死亡。

4) 裆部

裆部在下腹部以下，是人体末梢神经最丰富的地方，对外界反应特别灵敏，当受到外界顶、撞、抓、踢等动作时，会感到疼痛难忍，严重者甚至会死亡。裆部的要害部穴位有：

(1) 睾丸：是精脉絮成之处。

(2) 海底穴：肛门前 3 厘米处。

(3) 鹳口穴：两侧大腿骨连接处。

5) 麻筋

人体中受到外部压力或打击感到酸麻和失去正常功能而部位隐蔽的穴位。

(1) 虎口麻：虎口上方 1.5 厘米处。

(2) 手背麻：小拇指、无名指根延伸至手背 2 厘米处。

(3) 手腕麻：腕关节两侧凹部。

(4) 肘部麻：肘关节内、外的曲池、曲泽穴。

以上各穴位由于人的高低不同，故距离有所不同。

二、格斗中击打要害部位、擒拿关节的方法

1. 击打要害部位的方法

格斗中击打对方要害部位是主要的攻击手段，有"拳似流星，腿如利箭"之说。其方法有：

1) 上肢击打

(1) 打：用拳直线、弧形击打对方头、胸、腹等要害部位。

(2) 挑：用拳或掌由下向上击打的一种方法。

(3) 砸：用拳劈打、扣打或用肘砸。

(4) 插：用掌或指插击对方要害部位。

(5) 砍：用掌砍击对方要害部位，有纵砍、横砍、倒砍等方式。

(6) 扇：用掌心或掌背左右扇击，以击打太阳穴、后脑者为常见。

(7) 撩：用掌根部或虎口上方由下向上击，通常以击裆为主。

(8) 推：用单、双立掌推击对方胸、背等部位。

(9) 点：用指点击对方要害部位。

2) 下肢打法

(1) 踹：用脚击对方胸、腹部以下部位，有正踹腿、侧踹腿、后踹腿、垫步踹腿等方式。

(2) 弹：用脚踢对方裆部以下部位，有高弹踢、低弹踢、正弹踢、侧弹踢等。

(3) 扫：用脚面从左右两侧扫击，有平扫腿、下扫腿、后扫腿。

(4) 摆：用腿法摆击对方中盘，有外摆腿、后摆腿、腾空摆腿等。

(5) 铲：用脚外侧铲击对方腰部以下部位，有上铲腿、下铲腿、正铲腿、侧铲腿。

(6) 蹽：用腿法向后攻击对方裆部以下部位，有蹽高腿、蹽低腿。

(7) 寸：寸即寸腿。用前脚掌下方踢对方胫骨部位，为其他拳、腿法攻击服务。

(8) 蹬：用脚跟蹬击对方腹部以下，有正蹬腿、侧蹬腿、后蹬腿。

(9) 截：用脚底拦截对方攻击之胫，为下肢攻防兼用的一种腿法。

上下肢击打方法很多，以上述方法为常见。

2. 擒拿关节的方法

在格斗时控制对方关节是不可缺少的环节，擒拿关节的方法有：

1) 上肢擒拿法

(1) 缠：即绞拦法，由内向外或由外向内缠压对方两臂，有缠腕、缠臂、携臂等。

(2) 锁：即封门法，先控制对方进攻之拳、脚，而后攻击对方，分上、下、左、右、全锁五种，如左锁，甲方用左手封住乙方攻击之手，防止其反击，甲方用右手击打乙方。

(3) 扣：由上向下扣打，多用于与敌交手时抵上向下扣打或扣压。

(4) 切：也叫劈法，有纵切、横切、倒切，多用于切腕、切肩、切喉等。

(5) 压：多用掌压住对方拳、掌、臂等，使其失去反击能力，而后击打对方，如压拳、

压掌、压腕等。

(6) 拧：用手抓住对方腕、臂等部位，然后进行反关节拧拉，挫伤其关节。

(7) 裹：多用于由外向内闪击之敌，如一手抓住对手借力内裹，一手击打对方的面部或侧腹。

(8) 掐：用拇指、食指等方法截拿对方要害部位，如掐喉、掐肘等。

(9) 甩：分甩击和甩拿两种。甩击是用拳、掌甩击对方；甩拿是用甩击力量将对方摔倒。

(10) 拿：正手拿要害关节。

2) 下肢擒拿法

(1) 踩：即用足踩对方站立时踩膝、腿、脚等部位，当对方倒地时，踩腿、踩胸、踩腹等。

(2) 跪：用腿跪击对方。当对方站立时，插步屈膝跪腿将对方跪倒；当对方倒地时，用膝脆其腹、肋等部位，使其内脏器官受伤。

(3) 踢：近身格斗的一种腿法。

(4) 撞：在身体某个部位上用全身抖劲撞击对方要害部位，如撞裆、撞腹等。

(5) 靠：反击的一种方法，多用下肢抵住对方，用背、肘、肩等部位靠击，使对方失去平衡。

(6) 绊：腿法之一，以后绊腿为常见。

(7) 勾：腿法之一，多用由后向前勾踢对方支撑之腿。

(8) 碾：脚向下踏地时，先猛踩脚如踩毒物，继而用脚掌辗转。

上下肢擒拿方法也很多，上述方法为常见和常用的方法。

三、格斗中的手型、步型和格斗姿势

1. 手型

1) 拳

拳是四指并拢蜷屈握紧，拇指紧扣在食指和中指的第二关节上。

动作动作说明：拳握实、拳面平、腕挺直(图 2-1、图 2-2)。

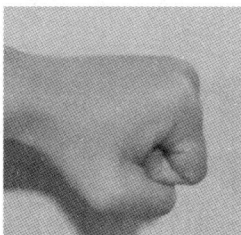 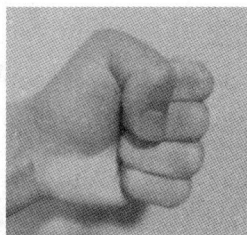

图 2-1　　　　　　　　　　　　图 2-2

2) 掌

用途：用于击打对方要害部位。

(1) 立掌：四指并拢伸直，拇指弯曲，紧贴于虎口处，手掌与小臂略成直角(图 2-3)。

用途：用于推、击对方。

(2) 插掌：四指并拢伸直，拇指弯曲，紧贴于虎口处，手腕挺直，如图 2-4 所示。

用途：用于插、戳对方要害部位。

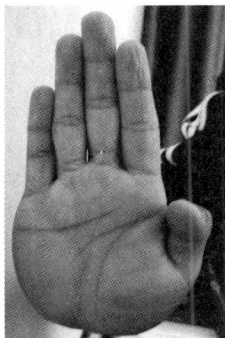

图 2-3

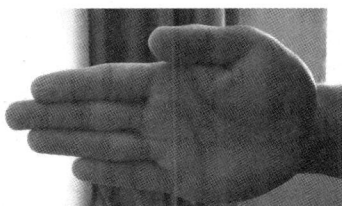

图 2-4

(3) 横掌：四指并拢伸直，拇指弯曲，紧贴于虎口处，手腕内收，如图 2-5 所示。

用途：用于砍、切对方要害部位。

(4) 八字掌：四指并拢伸直，拇指向外分开，如图 2-6 所示。

用途：用于挡、抓、按、卡等。

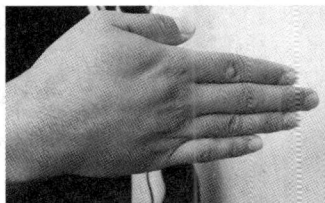

图 2-5

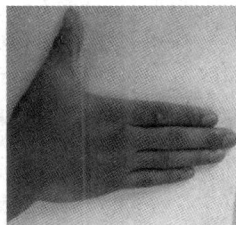

图 2-6

3) 勾手

五指聚拢捏成撮，如梅花状，屈腕成钩，如图 2-7 所示。

用途：用于击、点、搂、挂等。

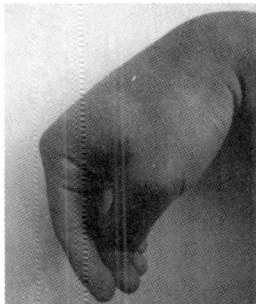

图 2-7

2. 步形

步形为格斗的基础，每一种步形也被称为一种桩，"练武不站桩，打拳必无方"。

1) 弓步

(1) 动作说明：左脚向前一大步，左腿屈膝，大腿略平，膝盖垂直于脚尖，左脚尖向前，稍内扣；右腿挺直，右脚稍向内扣；上体对正前方，左臂屈肘护胸，肘尖向前；右拳置头部上方，拳心向右斜上方，两眼向前平视。此为"虎抱头"势，如图 2-8 所示。

弓左腿为左弓步；弓右腿为右弓步。

(2) 动作要领：挺胸抬头，塌腰、沉肩、垂肘。

2) 马步

(1) 动作说明：左脚向左跨一步，略宽于肩，两脚尖对正前方，屈膝半蹲，膝盖不超过脚尖，大腿略平，全脚着地，身体重心落于两腿之间，两臂屈肘，两掌交叉于胸前，两眼向前平视，如图 2-9 所示。

(2) 动作要领：收腹、收臀、塌腰、沉肩、垂肘。

图 2-8　　　　　　　　　　　　　　　图 2-9

3) 仆步

(1) 动作说明：左脚左跨一大步，左腿屈膝全蹲，全脚着地，脚和膝外展；右腿挺直平仆，脚尖内扣，全脚着地，体重落于左脚，右掌反掌平臂前伸；左掌立掌于右胸前，两眼向右平视。如图 2-10 所示。

图 2-10

仆左腿为左仆步，仆右腿为右仆步。

（2）动作要领：身要正、脚面要平，收腹、收臀、挺胸、塌腰、沉肩、垂肘。

4）虚步

（1）动作说明：右脚外展 45°，屈膝半蹲，左脚向前一步，脚跟离地，脚面绷直，脚尖稍内扣，虚点地面，左膝微屈，重心落于右腿；左臂屈肘，立掌于身前，右掌立掌置左胸前，两眼向前平视，如图 2-11 所示。

图 2-11

左腿在前为左虚步，右腿在前为右虚步。

（2）动作要领：挺胸塌腰，沉肩垂肘。

3. 格斗姿势

格斗姿势是与对手格斗时常用的且便于进攻和防守的姿势，也叫"立门户""拉架子"。

1）散打格斗势

（1）动作说明：两腿前后站立与肩同宽，左臂前伸向内弯曲约 90°，左拳与鼻同高，拳眼向右斜上方；右臂屈肘内收，右拳置下颌处，拳眼向左斜上方，目视前方，如图 2-12 所示。此势便于进攻、防守，通常采用跳步、滑步、跨步等步法，进攻的路线为正前方和左、右斜前方。

左脚在前，为左散打格斗势；右脚在前，为右散打格斗势。

（2）动作要领：身体重心稍向前移，含胸收腹、叩齿、收下颌、后脚提踵。

2）金刚探路势

（1）动作说明：两腿前后站立与肩同宽，左脚在前，脚尖稍内扣，左手握拳，屈肘前伸，小于 90°，左拳高于鼻平，拳眼向内上；右臂屈肘立掌，掌指尖与嘴同高，两眼向前平视。如图 2-13 所示。

图 2-12

图 2-13

此势便于连发重拳，进攻的路线通常是直出直入，也可走侧峰，步法以跟步为最多，发崩拳威力较大。

(2) 动作要领：含胸、收腹、拔背，身体重心稍向前，右脚掌蹬地，身体向前有一股内在的顶力。

3) 双排手势

(1) 动作说明：两脚前后站立与肩同宽，两腿稍屈膝，身体左侧对向前方，两手变掌，左臂屈肘向左前方探出，左掌与鼻同高，掌心向下；右臂屈肘护于左胸前，右掌置左乳下，掌心向下，目视前方。如图 2-14 所示。

此势便于闪展迂回，通常采用趟泥步较多，进攻路线为左、右侧峰，手法为劈、砍、撩、切等掌法。

(2) 动作要领：两腿微曲，含胸收腹、沉肩坠肘。

4) 擂鼓势

(1) 动作说明：两脚前后站立，左脚在前，稍向内扣，两脚约比肩宽；两膝弯曲约90°，成三七步，两手握拳，左拳前伸，拳心向内，肘部微弯曲，高于鼻平；右肘弯曲，置左乳上方，拳心向左斜上方，从左拳前方目视前方。如图 2-15 所示。

此势便于发现对方的动作变化和空当，且便于近身击打对方，采用的步法以窜步、斜步为多。

(2) 动作要领：上体稍前探，含胸拔背、沉肩坠肘。

图 2-14　　　　　　　　　　　　图 2-15

四、格斗中的倒地法

倒地法是在格斗中变被动为主动的一种自我保护方法。

1. 跌扑

1) 前倒

(1) 动作说明：身体保持正直，自然前倒，在接地瞬间，两臂屈肘，两手置于胸前，掌心向下，抬头收腹，两掌及小臂外侧着地，目视前方，如图 2-16 所示。

(2) 动作要领：腿挺直，拍地响，稍含胸。

图 2-16

2) 侧倒

(1) 预备姿势：屈膝蹲成马步，半握拳两臂后摆，上体微向前倾，如图 2-17 所示。

(2) 动作说明：两臂迅速前摆，随即左后转身，右脚向上、向左猛力摆出，以左臂、左体侧、右脚掌着地，右臂上挡护头，目视斜上方，如图 2-18 所示。

(3) 动作要领：摆臂、转体、摆腿动作要协调一致。

图 2-17

图 2-18

3) 提膝侧仆

(1) 预备姿势：右腿支撑，左腿提膝，两掌向左侧屈臂平伸，左掌与肩同高，掌心向下；右掌置于左腋下，目视左掌。如图 2-19 所示。

(2) 动作说明：右脚蹬地跃起，上体向左扑去，左臂稍向内弯曲，在空中身体略平，两掌心向下，左掌、左小臂、右掌、左髋、左腿外侧同时着地，两眼向前平视。

(3) 动作要领：蹬地、跃起、伸臂、落地动作要协调一致。

4) 后倒

(1) 预备姿势：同侧倒。

图 2-19

（2）动作说明：上体后仰倒地，两臂伸直，两手向下拍地的同时背部两臂同时着地；左腿支撑，右腿向上蹬，微屈膝，目视前上方，如图 2-20 所示。

（3）动作要领：挺腹、勾头，一腿曲，另一腿蹬。

图 2-20

2. 滚翻

1）前滚翻

（1）预备姿势：两脚并拢，两腿屈膝全蹲，两臂向前平伸，掌心向下，上体稍向前倾，如图 2-21 所示。

（2）动作说明：两手撑地，弯腰收头，以背部着地，用两脚蹬地向前滚翻，随即两手抱膝站立。

2）后滚翻

（1）预备姿势：同前滚翻。

（2）动作说明：身体后仰，弯腰收头，两手撑地，按臀部、背部的顺序向后滚翻，随即迅速起立，如图 2-22 所示。

（3）动作要领：撑地、屈体、勾头、团身动作要协调，起立要快。

图 2-21

图 2-22

3) 抢背

(1) 动作说明：右脚向右斜方上步，上体向前方俯身，右手扶地，目视左后方，右脚蹬地，左腿上摆，身体成圆形，按右肩、背腰、臀部的顺序向前滚翻，如图 2-23 所示。

(2) 动作要领：含胸、收腹、勾头，滚翻要迅速。

图 2-23

五、格斗中的基本步法

步法是格斗中的主要技术之一，"步快拳快，步慢拳乱"。格斗中是以步法的变换来调整攻防的距离，改变进攻的角度，寻找进攻的时机，配合各种拳法、腿法、摔法击打对方的。

预备姿势：左格斗势(注：以下各势均同此)。

(一) 直线进退步

1. 前进步

动作说明：左格斗势起(下同)。身体重心移至右脚，左脚向前方落步，脚尖稍内扣，右脚随之向前跟进，上体姿势不变，目视前方。

2. 后退步

动作说明：左腿支撑蹬地，右脚向后撤步，左脚随之撤步，上体姿势不变，目视前方。

3. 前、后跳步

1) 前跳步

动作说明：右腿支撑，左脚向前方跃出，左脚掌先着地；右脚随之向前方滑步，上体姿势不变。

2) 后跳步

动作说明：左腿支撑，左脚掌蹬地，右脚向后跃出，右脚掌先着地；左脚随之向后跳步，上体姿势不变，目视前方。

(二) 左、右闪身步

1. 左斜前进步

动作说明：右腿支撑蹬地，左脚向左前方上步，随之重心前移，右脚随之跟进，上体姿势不变，目视前方。

2. 右斜前进步

动作说明：左腿支撑蹬地，右脚向右斜前方进步，随之重心前移，左脚随之向右斜方滑步至右脚后，成右格斗势，目视前方。

3. 左跨步

动作说明：右腿支撑蹬地，左脚向左跨步，重心移至左腿，右脚随之向左挪步跟进，目视前方。

左跨步是结合身法向左闪避的步法，上体应稍向后仰，继而左闪，左小臂向右格挡，为反击创造条件。

4. 右跨步

动作说明：左腿支撑蹬地，右脚向右跨步，左脚随之向右脚后挪步，目视前方。

右跨步是向右闪避击打的方法，躲闪后，角度开始变化，上体应稍向右闪，为反击创造条件。

5. 左弧形步

动作说明：左腿支撑，右脚向左脚后划弧移动，左脚掌为轴，上体向右后侧转体，变换角度和攻击方向，目视前方。

6. 右弧形步

动作说明：右腿支撑，左脚向右脚后划弧移动，右脚掌为轴，上体向左侧转动，变换角度和攻击方向，变右散打格斗势，目视前方。

左、右弧形步还可结合左、右跨步进行，在实战中可起到调整步法和攻击方向的作用。

(三) 前后盖插进退步

1. 前盖进步

动作说明：左腿支撑，右脚经左脚前上步，右脚落地后，重心前移，左脚即刻由右脚后上步，姿势不变，如图 2-24 所示。

2. 倒插进步

动作说明：左腿支撑，右脚经左脚后上步，右脚落地后，重心前移，左脚即刻由右脚前上步，姿势不变，如图 2-25 所示。

3. 前盖退步

动作说明：右腿支撑，左脚经右脚前向右撤步，左脚落地后，右脚即刻由左脚后撤步，姿势不变，如图 2-25 所示。

图 2-24   图 2-25

4. 倒插退步

动作说明：右脚支撑，左脚经右脚后向后撤步，左脚落地后，右脚即刻由左脚前向后撤步，姿势不变，如图 2-24 所示。

以上四种步法是散打格斗中快速调整步法的几种方法，也可为拳法、腿法服务，在插步的同时即可发拳、起腿。

第三章　格斗基本技术

　　基础不牢，地动山摇。练习格斗技术，应打牢技法基础，手型与步型是格斗训练的基本规范。格斗基本技术，一般是指实战中格斗者的进攻与防守动作，包括运用的拳法、腿法、肘法、膝法、摔法和灵敏的反应等。格斗技术根据不同的动作组成形式分类，可分为单个动作技术和组合动作技术两种。单个动作技术主要包括实战姿势、步法、拳法、腿法、肘法、膝法、摔法等；组合动作技术主要包括拳法组合、腿法组合、拳腿组合、拳腿摔组合等。这些技术是格斗技术的规范化和理想化技术，在具体实战运用中，需要格斗者根据实际情况(时机、距离、自身条件等因素)灵活运用。练好这些基本技法，是提高格斗技能的根本。

第一节　格斗势与步法

一、格斗势

　　格斗势即准备格斗的姿势，常称作实战势。完美的格斗预备姿势犹如一道屏障，最大限度地将人体薄弱部位保护起来，使我方对敌实施的攻防技术能够发挥得淋漓尽致。

1. 徒手格斗势

　　以左侧徒手格斗势为例予以介绍：两脚平行分开约一步距离。身体稍向右转，右脚向后撤一自然步(前脚跟与后脚跟约一步半距离)，左脚内扣 25°，膝稍屈；右脚脚尖外展约45°，脚跟提起(也可以平放)，膝微屈，重心落于两脚之间。左臂屈肘上抬，略大于 90°，置于左胸前，肘尖下垂，拳与鼻同高，拳心向右斜下方；右臂屈肘上抬，略小于 90°，置于右胸前，拳与下颌平高，距右下颌 4 手指距离，拳心向左斜下方。稍含胸、收腹，闭口咬牙，微收下颌，目视前方。

　　1) 动作要领

　　(1) 实战中，眼睛要注意对方的眼睛(或者攻击部位)，余光窥视对方全身。

　　(2) 左侧身面对对方，以减少暴露面。

　　(3) 两拳、两腕、双肩要放松，双肘自然下垂，灵活防卫。全身蓄劲，做到松而不懈，紧而不僵，切勿动作僵滞。

　　(4) 后脚跟抬起或放平，要根据实战灵活运用；两膝微屈，好像加压的弹簧，处于强有力的状态；身体重心在两脚中间，或稍偏后。

2) 动作说明

左脚在前，右脚在后的格斗预备姿势称为左格斗姿势；右脚在前，左脚在后的格斗预备姿势称为右格斗姿势。格斗中，实战者是选择左格斗姿势还是选择右格斗姿势，这要根据自身条件灵活运用。通常实战者右拳力量大，以选择左格斗姿势为佳，反之则选择右格斗姿势。本书中所述的预备姿势，无特殊说明均为左格斗姿势。

2. 持警棍格斗势

在徒手格斗势的基础上，右手正握警棍，置于腹前。

3. 持匕首格斗势

1) 正握匕首格斗势

在徒手格斗势基础上右手正握匕首，置于右肩前，匕尖向前下方。

2) 反握匕首格斗势

在徒手格斗势的基础上，右手反握匕首，置于右腰际，匕尖向前与地面平行。

二、步法

步法是运用技术使脚步移动的基本格斗方法。常用的步法主要有滑步、上步与退步、交叉步、左闪身步、右闪身步、垫步等。

预备姿势：左格斗势(以下各势均同此)。

1. 滑步

滑步是指一脚向前、向后或侧向移动，另一脚随之滑进(退)的步法。滑步具有移动平稳、动作快速、意图隐蔽等优点。初学者尤应重视。

1) 前滑步

动作说明：预备姿势。右脚蹬地，左脚向前移动，落地时以左脚掌先落地，右脚紧随擦地前移，落地后成预备姿势，如图 3-1 所示。

图 3-1

2）后滑步

动作说明：预备姿势。左脚蹬地，右脚向后移动，落地时以右脚掌先着地；左脚随右脚后移，落地后与预备姿势同。如图 3-2 所示。

图 3-2

动作要领：抬腿不可过高，以两脚掌轻松擦地为宜；移动距离视个人身高而定，一般在 30～50 厘米之间；重心要稳，不可乱摇。

2. 上步与退步

1）上步

动作说明：预备姿势。左脚向前上一步，成右脚在前的预备姿势，如图 3-3 所示。

2）退步

动作说明：预备姿势。右脚向后撤一步，成左脚在前的预备姿势，如图 3-4 所示。

动作要领：双手随动作的变化而变化；整个动作应灵活、协调、自然。

用途：改变姿势利于攻防，使对手不适应。

图 3-3

图 3-4

3. 交叉步

交叉步指两腿前后交叉所形成的步法，如一脚经另一脚前上步交叉所形成的步法叫作盖步；若一脚经另一脚后上步交叉所形成的步法则叫作偷步。

1) 左盖步

动作说明：预备姿势。右脚经左脚前交叉，右膝微屈，左脚跟抬起，上体微向前倾，如图 3-5 所示。

2) 偷步

动作说明：预备姿势。右脚向左脚后斜上一步，两腿前后略呈交叉状；左脚尖外展，右脚脚跟离地，如图 3-5 所示。

4. 左、右闪步

闪步是指在躲闪时所形成的步法。

1) 左斜前进步

动作说明：右腿支撑蹬地，左脚向左前方上步，随之重心前移，右脚随之跟进，上体姿势不变，目视前方，如图 3-6(a)、图 3-6(b)所示。

图 3-5

(a)　　　　　　　　　　　　　(b)

图 3-6

2) 右斜前进步

动作说明：左腿支撑蹬地，右脚向右斜前方进步，随之重心前移，左脚随之向右斜方滑步至右脚后，成右格斗势，目视前方(同左斜前进步，方向不同)。

3) 左跨步

动作说明：右腿支撑蹬地，左脚向左跨步，重心移至左腿，右脚随之向左挪步跟进，目视前方，如图 3-7 所示。

图 3-7

动作要领：左跨步是结合身法向左闪避的步法，上体应稍向后仰，继而左闪，左手向右格挡，为反击创造条件。

4) 右跨步

动作说明：左腿支撑蹬地，右脚向右跨步，右脚随之向左脚后挪步，目视前方(同左跨步，方向相反)。

动作要领：右跨步是向右闪避击打，躲闪后，角度开始变化，上体应稍向右闪，为反击创造条件。

5) 左弧形步

动作说明：左腿支撑，右脚向左脚后划弧移动，左脚掌为轴，上体向右后侧转体，变换角度和攻击方向，目视前方。

6) 右弧形步

动作说明：右腿支撑，左脚向右脚后划弧移动，右脚掌为轴，上体向左侧转动、变换角度和攻击方向，变右散打格斗势，目视前方。

动作要领：左、右弧形步还可结合左、右跨步进行，在实战中可起到调整步法和攻击方向的作用。

5. 垫步

垫步主要用于急进出拳或出腿攻击和急退防守反击。

1) 前垫步

动作说明：预备姿势。右脚前移至左脚内侧处落地，同时左脚蹬地前移，落脚后与原格斗预备姿势相同。

2) 后垫步

动作说明：预备姿势。左脚后移至右脚内侧处落地，同时右脚蹬地后移，落脚后与原预备姿势同。

动作要领：整个动作灵活、敏捷，要有"一触即发之势"。

用途：多配合各种膝法、腿法使用。

第二节　基本进攻技术

进攻技术是格斗技术体系的主体。其他技术如防守等技术的运用，其目的都是为了更好地实施进攻。从攻防角度看"进攻是最好的防守"，格斗者只有通过顽强的进攻，才能取得决定性胜利。因此每一名格斗者平时尤应注意和加强基本进攻技术的磨炼，以便在未来实战格斗中能够攻无不克。

一、基本手法

手臂是人体最灵活的部位，可以随心所欲地活动。在格斗运动中，单纯以拳法称雄于世的拳击，想必早已给读者留下深刻的印象，其直拳、摆拳、勾拳击打的动作精悍、干练，实用性极强。格斗拳的手法较之拳击丰富，主要包含以下拳法和掌法。

(一) 直拳

1. 左直拳

1) 左上直拳

动作说明：左格斗势。左脚向前上步，右脚随之跟进。身体重心移至左腿，右脚掌蹬地，脚跟离地面约 5 厘米，腰胯猛向右扭动的同时，左拳突然向前方冲出，拳心向下。右拳置左下颌处，左拳击出后迅速收回，目视前方，如图 3-8 所示。

图 3-8

2) 左下直拳

动作说明：右脚向右前方上步，右腿屈膝变右弓步，左拳由下向前方猛力击出。也可在右脚向后撤步时发左下直拳。

动作要领：发拳要迅速、突然，上体略右转，左肘不得外展，不能有引拳、沉肘的预兆；下颌要回收，牙齿要紧咬，两眼随拳注视前方；交互练习时左脚向前上步，左拳发出。

2. 右直拳

1) 右上直拳

动作说明：左脚向前方上步，右脚蹬地，腰胯突然向左扭动，右拳猛力向前击出，拳心向下，右臂前伸，右肩前顺，拳击出后迅速收回，左拳收于右下颌处，目视前方，如图3-9所示。

图 3-9

2) 右下直拳

动作说明：左脚向左斜前方进步，左腿屈膝，成左弓步，上体向下沉身，右拳由下向前方猛力击出。

动作要领：蹬腿、拧腰、送胯、平肩。交互练习同左直拳。

(二) 摆拳

1. 左摆拳

动作说明：预备姿势开始，左脚蹬地，上体稍向右转，同时左拳向外(约45°)、向前、向里弧线形横击，左臂微屈，拳心向下外，力达拳面或偏于拳眼侧；右拳护于下颌前，目视前方。如图3-10所示。

2. 右摆拳

动作说明：预备姿势开始，右脚蹬地，上体向左转，同时右拳向外(约45°)向前、向里弧形横击，右臂稍屈，拳心向下外，力达拳面或偏于拳眼侧；左拳收于下颌前，目视前方。如图3-11所示。

图 3-10   图 3-11

动作要领：脚掌蹬地，拧腰发力，上体向前倾斜；击打路线呈弧形，快打快收。

用途：侧面攻击。摆拳动作快速凶猛，主要攻击面部、耳部、后脑等。

(三) 平勾拳

1. 左平勾拳

动作说明：预备姿势开始，左脚蹬地，上体右转同时左拳由左向右击出，左臂肘关节外展，大小臂与肩同高，屈肘约 90°，拳心向下，力达拳面。右拳仍置于下颌前，目视左拳。

2. 右平勾拳

动作说明：右脚蹬地，上体左转，同时右拳由右向左击出，右臂肘关节外展，大小臂约与肩高，屈肘约 90°，拳心向下，力达拳面。

动作要领：要边出拳边抬肘；收下颌，含胸收腹；击打时要充分借助脚部蹬地和身体拧转的力量，爆发用力。

用途：平勾拳是近距离侧面攻击的拳法，该拳隐蔽、突然，对对手威胁较大，一般是攻击对方的太阳穴、颌部、后脑部。

(四) 上勾拳

1. 左上勾拳

动作说明：预备姿势开始，略降重心，左肩下沉，利用下肢蹬转向上的力量，左拳由下向前上方勾起，大小臂夹角在 90°～110°之间，拳心向里，力达拳面；右拳仍置于下颌前，目视左拳。如图 3-12 所示。

2. 右上勾拳

动作说明：预备姿势开始，右脚蹬地，身体向左转的同时，右拳蹬地，身体向左转的同时，右拳由下向前、向上抄起，拳心朝里，力达拳面；左拳回收于右肩内侧。如图 3-13 所示。

图 3-12　　　　　　　　　　　　　　　图 3-13

动作要领：动作协调，发力短促，击打时身体重心猛烈向上蹬转；屈臂角度根据双方的距离及攻击部位而定。

用途：上勾拳属于近距离上下进攻型拳法，主要攻击对方的腹部、颌部；在实战中常会进行连续进攻，攻击力较强。

(五) 翻背拳

1. 左翻背拳

动作说明：预备姿势开始，右脚蹬地，重心移于左脚，左臂外旋，以肘关节为轴，使左拳向左前方弹击，拳眼向上，力达拳背，如图 3-14 所示。

2. 右翻背拳

动作说明：预备姿势开始，右脚蹬地，身体重心前移，同时右臂外旋，右拳经胸前向上、向前下砸击，力达拳背，如图 3-15 所示。

图 3-14　　　　　　　　　　　　　　　图 3-15

动作要领：弹击前左臂肌肉要放松，弹击后立即收回。

用途：主要攻击对方的面部、耳部、太阳穴。

(六) 撩掌

1. 左撩掌

动作说明：左格斗势起(下同)。右脚向前上步，右臂屈肘内收，右掌上托防守，掌心向下；身体稍向右转并向前俯身，右侧拧腰，左掌由左下、向前、向上、直臂撩出，拇指屈指，紧贴虎口，掌心向右斜上方，力达掌根部。随即右掌稍向下，附于左臂内侧，目视左掌。

动作要领：上托防守与撩掌同时进行，撩掌时两腿屈膝，后腿为半跪步，肩向前顺，胯向下沉。

2. 右撩掌

右撩掌与左撩掌动作相同，方向左右相反。

(七) 插掌

1. 左插掌

动作说明：右脚向右跨步，右臂屈肘内合，右手向左推击，掌心向左；左掌平掌向左前方插出，掌心向下，力达指尖，目视左掌。如图3-16所示。

动作要领：插掌时向右拧胯，肩向前顺，左脚碾地稍向左拧，右脚掌蹬地，脚跟提起。

2. 右插掌

右插掌与左插掌动作相同，方向左右相反，如图3-17所示。

图3-16　　　　　　　　　　　　　　图3-17

（八）砍掌

1. 斜上砍掌

1）右斜上砍掌

动作说明：左脚向前上步，左掌向左挡抓下按后拉，向左拧胯转身，右脚掌蹬地，脚跟提起；右掌由右斜上方向左斜下方猛砍，掌心向左斜上方，力达掌根，目视右掌。

动作要领：左侧转身时左脚稍内扣，右掌下砍时要有惯性，右肩前顺。

2）左斜上砍掌

左斜上砍掌与右斜上砍掌动作相同，方向左右相反。

2. 平砍掌

1）左平砍掌

动作说明：右侧扭身，右掌掌心向右挡抓后拉；左臂屈肘内收后拉，掌心向下，左掌平掌向左侧砍出，力达掌根，目视左掌。如图 3-18 所示。

动作要领：右手拉、右腿蹬、左胯拧、左肩顺，以增强砍出的力量。

2）右平砍掌

右平砍掌与左平砍掌动作相同，方向左右相反，如图 3-19 所示。

图 3-18   图 3-19

（九）甩掌

甩掌是用掌指、掌背攻击对方的一种技法，其特点是攻击快、距离远、有弹力。攻击目标一般为对方的头部、面部。甩掌还可以为其他拳法、腿法、摔法等技法服务。

1. 左上甩掌

动作说明：左格斗势起(下同)。左拳变掌，掌心向内，以左肘的弹力，左臂经胸前、向前、向上、向下甩击，攻击对方头部上方或面部，着力点为左掌背，右拳置左下颌处，目视前方。

动作要领：肩关节、腕关节放松，左胯向前送，左臂向前顺。

2. 右上甩掌

右上甩掌动作与左上甩掌相同，方向左右相反。

3. 左斜甩掌

动作说明：身体稍向右转，身体左侧对向前方，左拳变掌，左掌经右肩前，向前、向左斜下方甩出，掌心向右斜上方，着力点为掌背，攻击对方左侧头部或腮部。握拳击打时，为反臂鞭打。右拳置左下颌处，目视左掌。

动作要领：甩掌时胯向左扭，肩关节、腕关节放松，左臂向前顺。

4. 右斜甩掌

右斜甩掌与左斜甩掌动作相同，方向左右相反。

(十) 扇掌

1. 右平扇掌

动作说明：左格斗势。左手由左向右，向下推击，上体稍向左扭。右拳变掌，右掌由右向前、向左平扇出，掌心向左，目视前方。

动作要领：右脚蹬地，腰部发力，右肩前顺，拳置右下颌，目视右掌，快扇快放。

2. 左平扇掌

左平扇掌与右平扇掌动作相同，方向左右相反。

(十一) 挑掌

1. 右挑掌

动作说明：左脚上前上步，左手掌心向左、向下推击。右掌心向左，在右脚蹬地、右胯前挺、左胯后扭的同时，右掌由下向上斜挑出。着力点于虎口上方，要目视前下方。

动作要领：挑掌要猛，右肩前顺，右腕上挑。右掌挑出时，左手向后拉带，使整个动作形成整体。

2. 左挑掌

左挑掌与右挑掌动作相同，方向左右相反。

(十二) 盖掌

1. 左盖掌

动作说明：略同甩掌。左掌心向下，在左肩前顺的同时，左掌由体前向前、向上、向下猛力盖打，着力点于掌外侧。目视左掌。

动作要领：盖掌时右臂屈肘里合，右掌向下按压，右脚掌蹬地，左胯前探，快打快收。

2. 右盖掌

右盖掌动作与左盖掌相同，方向左右相反。

二、基本腿法

谚语云："手是两扇门，全凭腿打人""拳打三分脚打七"，这说明腿法在格斗应用中的重要性。格斗常用腿法主要有：蹬腿、踹腿、后蹬腿、弹踢、鞭腿、后摆腿、勾踢、扫腿、后撩腿等。

(一) 蹬腿

1. 左蹬腿

动作说明：预备姿开始，身体重心前移，后腿直立(或稍屈)支撑体重，左腿屈膝抬起，勾脚尖，随即先后向前蹬出，脚尖向上，力达脚跟，目视前方，如图3-20所示。

图 3-20

2. 右蹬腿

动作说明：预备姿势开始，身体重心前移，左腿直立(或稍屈)支撑身体重量，右腿屈膝上抬，脚尖勾起，右脚跟领先用力向前蹬击，脚尖向上，力达脚跟，目视前方(同上，方向不同)。

动作要领：大腿带动小腿快速蹬击，攻击后快速收回，侧身送髋，以加大蹬力。

用途：蹬腿力量较大，是正面攻击性腿法，攻击目标为胸、腹、胯部。

(二) 踹腿

1. 左踹腿

动作说明：预备姿势开始，右腿微屈(或直立)支撑身体重心，脚尖外展：左腿屈膝上抬，脚尖勾起，随即由屈到伸向前踹出，立达脚底，目视左脚，如图3-21所示。踹腿后，迅速恢复成预备姿势。

图 3-21

2. 右踹腿

动作说明：预备姿势开始，左腿支撑身体重心，脚尖外展身体向左转体 180°，同时右腿屈膝抬起，脚尖勾起，随即向前踹击，立达全脚掌，目视右腿(同上，方向不同)。踹出后，迅速恢复成预备姿势。

动作要领：侧踹要突然有力，踹击时，支撑脚尖与踹击方向，踹击之腿与髋部、上体几乎在一条直线上。

用途：侧踹腿是侧身攻击屈伸性腿法。攻击距离最远，杀伤力大，在实战中运用率较高。配合灵活的步法，可攻击对方的任何部位，也可作佯攻或防御使用。

(三) 后蹬腿

1. 左后蹬腿

动作说明：预备姿势开始，身体向后左转，重心移于右腿，左腿抬起，脚尖勾起，随后由屈到伸，以脚跟领先向后蹬出，脚尖向下，力达脚跟；上体前俯，目视蹬腿方向。击打后迅速恢复成预备姿势。

2. 右后蹬腿

动作说明：预备姿势开始身体向右后转，身体重心移左腿，右脚抬起由屈到伸，勾脚，脚尖向下，脚跟领先向后力挺膝蹬出，力达脚跟；上体前俯；目视蹬腿方向。击打后迅速恢复成预备姿势。

动作要领：攻击时，半身对敌，支撑腿的脚尖方向与蹬击方相反。

用途：偷袭对方的薄弱环节，常用于反败为胜的技法之中。

(四) 弹踢

1. 右弹踢

动作说明：预备姿势开始，身体重心移于左腿，右腿屈膝向前提起，脚面绷平；随即以脚背为力点向前弹出。目视前方，踢出后迅速收回，恢复成预备姿势，如图 3-22 所示。

图 3-22

2. 左弹踢

动作说明：预备姿势开始，右腿支撑身体重心，左腿屈膝向前上提起，脚面绷平；动作不停，右腿由屈到伸，向前弹出力达脚面。踢出后，左脚迅速收回，恢复成预备姿势。动作同右弹踢，方向左右相反。

动作要领：大腿带动小腿，启动要快，弹击后立即收回。

用途：主要用于攻击对方的腹部、裆部。

(五) 鞭腿

1. 左鞭腿

动作说明：预备姿势开始，右脚支撑，身体稍向右侧倾，同时左腿屈膝抬起，大腿带动小腿，由屈到伸，快速向前挺膝弹击，力达脚背及小腿下端。踢击后左腿收回，还原成预备姿势，如图 3-23 所示。

图 3-23

2. 右鞭腿

动作说明：预备姿势开始，左腿支撑身体左转180°，稍向左倾，同时右腿屈膝抬起，并快速向左弹踢，力达脚背和小腿下端。弹击后右脚收回，还原成预备姿势，如图 3-24 所示。

图 3-24

动作要领：击打要快速有力，支撑腿要稳；动作协调，摆踢时，头颈拧转方向与腿部摆踢方向相反。

用途：主要是从侧面对敌发起攻击。

(六) 后摆腿

1. 左后摆腿

动作说明：预备姿势开始，右脚上前上步，重心移于右脚：左后转体360°，上体稍侧倾，同时左腿蹬地，随转体，由左向后、向前横扫，脚面绷平，力达脚掌，目视左脚。

2. 右后摆腿

动作说明：左实战势开始，左腿微屈独立支撑，脚尖内扣，紧接右后转身 360°，身体稍侧倾；随转体，右腿经右后向前横扫弧线抢扫，脚面绷平，力达脚掌，目视右脚。

动作要领：转体之前，支脚掌内扣，既能减少脚辗转的角度，又能加快转体的速度。

用途：袭击对方颈部或裆部。

(七) 勾踢

1. 左勾踢

动作说明：预备姿势开始，上体右转，右腿支撑体重，同时抬左腿屈膝。脚尖内勾，由左向前、向右弧线猛力勾踢，力达脚背或小腿胫骨下端，目视前方。勾踢后左脚回收，还原成预备姿势。动作同右勾踢，方向相反。

2. 右勾踢

动作说明：预备姿势开始，重心前移之左脚，脚尖向外，上体左转180°，右脚屈膝，脚尖内勾，由后向前、向左弧线猛力勾踢，力达脚腕内侧，目视前方。勾踢后右脚回收，还原成预备姿势，如图3-25所示。

图 3-25

动作要领：勾踢时上体向支撑腿侧倾斜，用以控制身体重心，头颈拧转方向与勾踢方向相反。

用途：勾踢属扫转性腿法，力量大，低可以踢对方的小腿、脚腕；中可以踢对方的裆部、腰肋部；高可以攻击对方的头部。

(八) 扫腿

动作说明：以右扫腿为例。预备姿势开始，身体重心下降，左腿支撑体重，脚跟抬起，两手在两腿间扶地；右腿伸直，脚尖内扣、贴地，以左脚掌为轴心，右脚由后向左前方弧线擦地后扫转180°，力达小腿及脚跟后侧。

动作要领：俯身撑地，与转体、扫腿一气呵成。

用途：出其不意攻击对方的踝关节和脚跟。

(九) 后撩腿

1. 左后撩腿

动作说明：预备姿势开始，身体右转，稍前俯。成背对对方姿势，右脚微屈支撑，起左脚由下向上撩击，力达前脚掌或脚跟。目视攻击方向。

2. 右后撩腿

动作说明：右后撩腿与左后撩腿动作相同，方向左右相反。

动作要领：动作快速有力，富有弹性。

用途：袭击对方腹裆部。

三、基本肘法

格斗时常用的肘法主要有：摆肘、挑肘、砸肘、侧顶肘、后扫肘等。

1. 摆肘

动作说明：以右肘为例。右脚蹬地，身体向左拧转；右臂屈肘夹紧，抬起与肩平，拳眼对胸，随转体以肘关节前端为力点向左、向前击打；左拳自然收护于下颌前。如图 3-26 所示。

动作要领：肩要松沉，充分利用腰的力量，以腰带肘；发力短促，快打快收。

用途：摆肘威力大，用途广泛，适用于近距离或贴身肉搏战。常用于攻击对方的头部、颈部、肋部。

2. 挑肘

动作说明：以右挑肘为例。右脚蹬地，身体向左拧转；右臂屈肘夹紧，拳心朝左，以肘部前臂端为着力点由下向上方挑击，左手自然护于下颌前，如图 3-27 所示。出击后迅速恢复成预备姿势。

图 3-26　　　　　　　　　　图 3-27

要求：挑肘时重心微向下沉；挑肘时，蹬地、拧腰，右肩前送，力达肘部。

用途：主要用于挑击对方的下颌和面部。

3. 砸肘

动作说明：以右砸肘为例，上体稍前倾，抬头挺胸，右臂屈肘夹紧抬起过肩，随即以肘尖为力点由上向下直线砸击，同时上体微向右拧转，重心下沉以助尽力，右手不动(图3-28)。砸肘后迅速恢复成预备姿势。

动作要领：下砸时，重心下降，聚力于肘尖。

用途：当对方俯身抱你腰部时，可下砸攻击其头部、背部。

4. 侧顶肘

动作说明：以左顶肘为例，上体微右转，含胸扣肩，左肘抬起盘于胸前，拳心朝下，随即左脚向前进一大步，右脚滑半步，同时拧腰展胸，开肩发力，以肘尖为力点直线向前顶撞。亦可右手推顶左拳面以助长发力，如图 3-29 所示。顶肘后，迅速恢复成预备姿势。

图 3-28　　　　　　　　　　　　　　　图 3-29

动作要领：上步与顶肘的动作要协调一致；以腰力带动肘尖顶撞。

用途：主要用于顶撞对方的胸、腹、肋等部位。

5. 后扫肘

动作说明：以右后扫肘为例，右脚蹬地身向后转，右臂屈肘夹紧，拳心向下，以肘尖后部为力点随转向后扫击，目视右肘，如图 3-30 所示。迅速恢复成预备姿势。

动作要领：后扫时转头、展肩、拧腰、后撞等动作要同时完成，缺一不可。

用途：当对方从后面搂抱时，以后扫肘撞对方的面部或胸部、腹部。

四、基本膝法

图 3-30

膝法是格斗中下肢近距离击打的一种技法，具有实用性强、攻击迅速、不易防守的特点。以"钢拳铁腿"著称的泰拳，历来十分重视膝法的训练。膝法技法虽较少，但技击性较强。

(一) 顶膝

1. 前顶膝

1) 左前顶膝

动作说明：左格斗势起。右脚向前上步，体重移至右腿；左腿屈膝，膝盖向前，提膝过腰，右脚蹬地，推动身体向前，左膝向正前方撞出，着力点于膝前"半月板"处；左手由上向左下搂带，右手由右上向怀内猛拉，目视前下方(同下，方向相反)。

动作要领：顶膝时上体前跟，送左胯；含胸收腹，右脚蹬地，以增大攻击力。

2) 右前顶膝

右前顶膝与左前顶膝动作相同，方向左右相反，如图 3-31 所示。

2. 侧顶膝

1) 左侧顶膝

动作说明：右脚向右斜方上步，左腿提膝屈膝外展，脚内侧向下，右脚蹬地，推动身体向前；左胯外展，左膝由左侧向侧前方顶击，着力点于膝关节正前方；同时，左臂下拔，右臂内格，目视前方。

动作要领：上步闪身要快，提膝、顶膝动作要连贯，快撞快收。

2) 右侧顶膝

右侧顶膝与左侧顶膝动作相同，方句左右相反，如图 3-32 所示。

图 3-31   图 3-32

(二) 撞膝

1. 前撞膝

1) 左前撞膝

动作说明：左格斗势起(下同)。右脚向前上步，两臂屈肘内合防守，右腿支撑，左腿屈膝提膝，向前上方猛冲撞，力达膝关节上方，目视前方。

动作要领：右腿蹬地要有弹力，腹肌用力收缩，上体稍向内含胸，快撞快收。

2) 右前撞膝

右前撞膝与左前撞膝动作相同，方向左右相反。

2. 侧撞膝

1) 左侧撞膝

动作说明：右脚向右斜方上步，重心移至右腿，左腿屈膝展胯，大腿稍向外展，两臂屈肘防守；右腿蹬地的同时，左膝由左侧猛力向前上方冲撞，力达膝关节上方，目视前方。

动作要领：闪身快、胯外展、撞膝猛，上体含胸前跟，以增加撞击力。

2) 右侧撞膝

右侧撞膝与左侧撞膝动作相同，方向左右相反。

▶ 第四章　格斗防守技术 ◀

　　防守技术分为两类：一类是闪躲防守(或称非接触防守)，即通过身体姿势的变化或是位置的移动达到防守的目的，例如防对手掼拳时，身体通过步法、身法等躲过对手的拳(包括下躲闪、左右侧闪、后闪等)；另一类是接触防守，即通过肢体的拦截或使对方变换力的方向可以达到防守目的。例如甲方以左蹬腿进攻，乙方以右手拍压防守(包括左右拍挡、挂挡、抄抱等)。两类防守技术有不同的特点，闪躲防守能充分发挥四肢的攻击作用，接触防守有较大的保险性，与前者相比较容易掌握。在实践中，要根据不同的情况和目的，运用不同的防守技术，或者根据个人的擅长，侧重掌握不同的防守方法。防守技术总的要求是对对手的进攻时间、运行路线、攻击方法和部位都要反应敏捷、判断准确，达到自动化程度。

　　准确、巧妙地防守，一是能保护自己，二是可为更好地进攻创造条件。防守是积极主动的，其目的是为了更好地进攻。

第一节　格挡防守

　　格挡防守技术可以改变对方攻击动作用力的方向，以达到防守的目的。

一、左臂中段外格防

　　动作说明：预备姿势开始，当乙方用右直拳(冲拳)进攻时，甲方在左前臂向左格击，同时身体略向右闪，力达前臂尺骨侧，目视前方。右臂中段外格防的动作与左臂中段外格防相同，方向左右相反，如图4-1所示。

　　动作要领：

　　(1) 以髋为支点拧动上体，身体向右略移，抖动发力。

　　(2) 动作幅度不要过大，防守后快速收回。

图 4-1

二、左臂中段内格防

　　动作说明：预备姿势开始，当乙方右直拳进攻时，甲方左前臂由左向右格击，身体略向右抖转，使乙方直拳变向。用手护头，目视前方。右臂中段内格防的动作与左臂中段内格防相同，方向左右相反。

动作要领：格击时前臂配合身体抖动旋转，动作短促，快速还原。

三、左臂上段上格防

动作说明：预备姿势开始，当乙方右拳由上、向下劈击时，甲方左臂向上抬，横架于甲方头上，上架臂略高于头。右臂上段上格防的动作与左臂上段上格防相同，方向左右相反。

动作要领：

(1) 上格防时要以肘上带，内旋手腕，使拳眼向下。

(2) 前臂与上臂夹角约为90°。

四、左臂下段下格防

动作说明：预备姿势开始，当乙方用左拳进攻甲方腹部时，甲方左下前臂向下格击，并迅速还原，目视前方。右臂下段下格防动作与左臂下段下格防相同，方向左右相反。

动作要领：

(1) 用前臂尺骨侧格挡。

(2) 格击时要含胸、收腹。

五、左肘臂中段外格防

动作说明：预备姿势开始，当乙方用右后摆踢攻击甲方肋部时，甲方左肘臂向前以肩为轴，向外发力用肘格击；同时左脚蹬转，使左髋部右旋，减弱击力；目视前方。右肘臂中段外格防的动作与左肘臂中段外格防相同，方向左右相反。

动作要领：

(1) 注意配合身法。

(2) 肘臂向外发力格击，动作幅度要小，左肘尖朝左侧。

六、左肘臂中段内格防

动作说明：预备姿势开始，当乙方以右脚蹬击甲方腹肋部时，甲方左肘臂向前、向下、向右格防。

动作要领：

(1) 左肘臂边格边内旋，格击瞬间肌肉紧张。

(2) 左脚蹬地，体向右侧转。

七、左膝外格防

动作说明：预备姿势开始，当乙方用右摆腿踢甲方左肋时，甲方右腿支撑，左腿迅速稍向左上方抛出，以膝外侧格击乙方的小腿胫端或脚背，可致其疼痛难忍，右膝外格防的动作与左膝外格防相同，方向左右相反。

动作要领：快速抛格出击，力达膝顶。

八、左膝内格防

动作说明：预备姿势开始，当乙方用左摆腿踢甲方的裆部或右肋时，甲方右腿支撑，左膝迅速向右侧前方抛击，以膝内侧格击乙方小腿胫端或脚背。右膝内格防动作与左膝内格防相同，方向左右相反。

动作要领：抛格时髋部向右旋转。

九、左膝下格防

动作一说明：预备姿势开始，当乙方左弹踢甲方裆部，甲方右腿支撑，略提左膝，向下压乙方脚面或脚腕，左膝尖向着右前方。右膝下格防动作与左膝下格防相同，方向左右相反。

动作要领：右腿支撑要稳，左膝下压有力。

动作二说明：双方成格斗预备姿势。当乙方用左脚向甲方左肋部踹击时，甲方移动步伐闪身并迅速用左手掌拍击乙方左脚后跟部。

第二节　拍击防守

一、左拍击

动作一说明：预备姿势开始，当乙方左拳直击甲方胸腹时，甲方左拳变掌迅速拍击乙方左手腕(或手背)，使乙方的拳改变方向；身体略向右转，目视前方。右拍击动作如图4-2所示。

图 4-2

动作要领：

(1) 借助身体略向右转的抖动力和短促的爆发力。

(2) 防守时若两臂事先处在胸前远方，则可拍击乙方的前臂。

动作二说明：双方成格斗姿势。当乙方用左脚向甲方左肋部踹击时，甲方移步闪身并迅速用左掌拍击乙方的左脚后跟部。

二、右拍击

右拍击的动作与左拍击相同，方向左右相反。

三、双手拍击

当乙方用左脚横踢向甲方肋部袭来时，甲方速以双手臂拍击防守，随即向前滑步，双掌撞击乙方胸部，致其倒地，如图 4-3 所示。

图 4-3

第三节　躲闪防守

一、下蹲躲闪

动作说明：预备姿势开始，当乙方用右直拳或平勾拳进攻甲方头部时，甲方立即屈膝下蹲，使来拳打空，目视乙方胸部，如图 4-4 所示。

动作要领：略低头，沉肩，膝下蹲，臀部勿翘。

用途：闪开乙方摆拳、劈拳和鞭腿攻击头部。

图 4-4

二、向左躲闪

动作说明：预备姿势开始，当乙方用左直拳直击甲方头部时，甲方立即向左旋头，同时右肩稍向前倾，使来拳从右肩上滑过，目视前方。

动作要领：向左侧闪时要快，并要防乙方的勾拳攻击。

三、向右躲闪

向右躲闪的动作与向左躲闪相同，方向左右相反。

四、向后躲闪

动作说明：预备姿势开始，乙方用直拳、摆拳或勾拳攻击甲方头部时，甲方向后移动，将身体重心移到后脚，收起下巴，目视前方，如图4-5所示。

图 4-5

动作要领：后闪是重心的后移，而非挺胸腹和抬头；后闪时，略向后转身体，收颌，后颈绷紧；重心不可越出支撑面，并保持向前的弹性和意识，以利于还击。

五、步伐摆脱

利用步伐移动，摆脱乙方的进攻，并寻找机会，抢占有利位置进行反击。

六、提膝躲闪

动作说明：预备姿势开始，当乙方以右勾挂踢或低踹腿向甲方支撑腿进攻时，甲方立即上提膝，使乙方的勾挂踢和低踹腿落空。

动作要领：判断准确，提膝要快。

第四节　截击防守

截击防守是指用打的技术限制和阻止乙方进攻。截击目标，为乙方的身躯和四肢；截击角度，为直线(距离最近)；截击时机，乙方未动，甲方已动，先发先至，以快打慢。

截击的整个动作要隐蔽、直接、简单、快速、有力。

一、左弹踢截击

动作说明：预备姿势开始，当乙方欲对甲方实施攻击时，甲方抢先一步，左脚踢击其裆部或前腿胫骨。右弹踢截击的动作与左弹踢截击相同，方向左右相反。

动作要领：

(1) 左腿也可踢击其裆部。

(2) 踢击后左脚要迅速收回。

二、左蹬腿截击

动作说明：预备姿势开始，乙方欲对甲方实施攻击时，甲方抢先一步，左脚蹬击乙方前大腿。右蹬腿截击的动作要领与左蹬腿截击相同，方向左右相反。

动作要领：

(1) 左腿也可蹬击乙方膝盖、腹部、裆部、胸部等部位。

(2) 左腿蹬击时右腿微屈，抵消反作用冲力，以保持身体平衡。

三、左斜摆腿截击

动作说明：当乙方用右腿侧蹬中盘和上盘时，甲方用左脚向右、向内、向上斜摆蹬击乙方腿部。右斜摆蹬击动作与左斜摆腿截击相同，方向左右相反。

动作要领：

(1) 斜摆蹬脚从地面沿 45°发射角向斜前上方弹蹬出，上体略向右拧转并后仰。

(2) 左腿上抬摆时屈膝收腹，斜摆蹬发力。

四、左踹腿截击

动作说明：预备姿势开始，当乙方以任何拳法对甲方上盘实施进攻时，甲方身体右转，随即以左脚猛踹其肋部。右踹腿截击的动作与左踹腿截击相同，方向左右相反。

动作要领：

(1) 侧踹位置以胸以下部位效果最好。

(2) 动作简捷，快速有力。

五、左顶肘截击

动作说明：在近距离作战中，当乙方欲对甲方头部实施攻击时，甲方抢先一步，左肘直顶乙方面部(胸部)。右顶肘截击的动作与左顶肘截击法相同，方向左右相反。

动作要领：

(1) 发肘要直接、快速、有力。

(2) 肩稍耸以护左头部。

六、左提膝截击

动作说明：近距离作战中，当乙方从侧翼欲对甲方实施攻击时，甲方速提左膝，直顶其裆部。右提膝截击的动作与左提膝截击相同，方向左右相反。

动作要领：动作要简捷快速、有力。

七、左直拳截击

动作说明：预备姿势开始，当乙方以左腿扫踢甲方右胯部时，甲方左拳直击乙方胸部。

动作要领：判断准确，动作发起突然有力，做到乙方未动，甲方已动。

第五节　抄抱防守

一、侧身抄抱

动作说明：预备姿势开始，当乙方用蹬腿或踹腿攻击甲方胸腹部时，甲方侧身闪避乙方的攻击，同时左手抄住，右手按生乙方的小腿，双手合抱乙方小腿，限制乙方使用蹬踹技术。

动作要领：闪身要快，抄抱成钳形和包围要同时进行。

二、阻挡抄抱

动作说明：预备姿势开始，当乙方摆踢攻击甲方头(胸)部时，甲方用左手(或右手)阻挡，同时右手(或左手)抄住乙方小腿。双手合抱乙方小腿，限制乙方的腿部攻击技术。

动作要领：

(1) 阻挡时重心可前移，在堵截的瞬间肌肉紧张。

(2) 甲方左右腿可伺机实施反击。

▮第五章　擒敌拳十六式◢

　　擒敌拳是武警部队使用的由擒敌单个动作组合而成的综合训练套路，到目前为止，擒敌拳已经有三次变式。

　　"擒敌拳一路"又称"老式擒敌拳"，是由以往的公安拳演化而来，其基本动作出自八极拳。

　　"擒敌拳二路"，即 1999 新式擒敌拳十六式，其基本动作脱胎于现代拳击和散打，其以腿法见长、手脚并用、拳打脚踢、摔擒合一、架高势小、自然实用，讲究先发制人，一招制敌，动作要求快、狠、准、稳。

　　"擒敌拳三路"，即 2009 新式擒敌拳十六式，其基本动作脱胎于擒敌拳一路和擒敌拳二路的动作组合，是擒敌技术主要技法动作的单人综合练习，共由 16 个动作组成，动作中融入了所有手型、步型以及攻击技法，并融入部分基本动作，从而达到既增加身体的协调性，又帮助熟悉与记忆擒敌动作的目的。

第一节　预 备 姿 势

　　在立正的基础上，听到"擒敌拳——预备"的口令后身体左转成格斗势。

　　动作要领：撤步、提拳、转头动作同时到位，精神振奋，动作迅猛。

第二节　擒敌拳十六式动作说明及其要领

一、贯耳冲击

　　动作说明：前进步的同时，双拳贯耳，两拳与太阳穴同高相距 20 厘米，如图 5-1(a)所示，随即右冲膝，如图 5-1(b)所示；右脚向前落步成右弓步的同时，右肘前击与肩同高，左手成立掌前推右拳面，两眼目视前方，如图 5-1(c)所示。

　　动作要领：垫步抓腕快，右膝前冲猛，落步肘击狠。

(a)   (b)

(c)

图 5-1

二、抓腕砸肘

动作说明：左脚在右脚后垫步，成右弓步的同时，左手成八字掌，虎口朝前，掌心向下，右臂向后伸直，上体正直，如图 5-2(a)所示；随即左后转体成左弓步的同时，左手变拳收于腰际，拳心朝上，右手握拳，右小臂在胸前下砸与左膝同高，距左拳 30 厘米，目视砸肘方，如图 5-2(b)所示。

(a)   (b)

图 5-2

动作要领：垫步抓腕快，转体砸肘猛。

三、挡臂掏腿

动作说明：右后转身成右弓步的同时，右手臂上格挡，左拳收于腰际，如图 5-3(a)所示；随即，左脚向前上步成左弓步的同时，右手成插掌前插与腰肋同高；随后，右手变勾收于右腹前，左手成立掌前推与胸同高，目视前方，如图 5-3(b)所示。

(a)　　　　　　　　　　　　　　　(b)

图 5-3

动作要领：转身格挡快，上步抱腿准，转体推胸狠。

四、砍肋击胸

动作说明：左脚收回成左虚步的同时，双手变拳砍肋，拳心向上，肘收于腰际与腰同高，如图 5-4(a)所示；随即，右脚上步成右弓步的同时，双拳由腰际向前击出，与腹(胸)同高，两拳相距 20 厘米，拳心朝下，如图 5-4(b)所示。

(a)　　　　　　　　　　　　　　　(b)

图 5-4

动作要领：虚步砍肋狠，弓步言腹(胸)快。

五、缠腕冲拳

动作说明：右脚收回成右虚步的同时，左手抓握右手腕置于左腹前，右手成虎掌，如图 5-5(a)所示；随即，右脚在左脚后垫步成半马步，右手翻腕移至右腹前，右手成八字掌外切；随后，左手成八字掌前挡，右拳收于腰际；重心前移成左弓步的同时，右拳向前击出与肩同高，左拳收于腰际，目视前方，如图 5-5(b)所示。

(a)　　　　　　　　　　　　　　　　(b)

图 5-5

动作要领：缠腕迅猛，冲拳快捷。

六、上架弹砍

动作说明：右脚上步成右弓步的同时，双臂上架，左臂在外；接着左脚弹踢，如图 5-6(a)所示；左脚落步成左弓步的同时，右手变掌向前砍击与喉部同高，目视前方，如图 5-6(b)所示。

(a)　　　　　　　　　　　　　　　　(b)

图 5-6

动作要领：上架有力，弹踢迅猛，砍击到位。

七、接腿涮摔

动作说明：左脚前进步，右脚自然跟进成右抄抱；随即，左手抓握右手腕，右手变拳，拳面朝上，如图 5-7(a)所示；右脚右后撤步成左仆步的同时，双手由两膝前划过后拉，右小臂立起，右拳距太阳穴约 20 厘米，目视前方，如图 5-7(b)所示。

(a)　　　　　　　　　　　　　　　　　(b)

图 5-7

动作要领：进步接腿准，撤步涉(涮)摔快。

八、横踢鞭打

动作说明：右脚在左脚后垫步的同时左横踢腿，如图 5-8(a)所示；左脚落步的同时接右鞭拳，目视前方；随即左后转身 180°成格斗势，如图 5-8(b)所示。

(a)　　　　　　　　　　　　　　　　　(b)

图 5-8

动作要领：垫步横踢快，转体鞭打猛。

九、直摆勾击

动作说明：左脚进步的同时左直拳，接着右摆拳，如图 5-9(a)所示；接着左勾拳，目视前方，如图 5-9(b)所示。

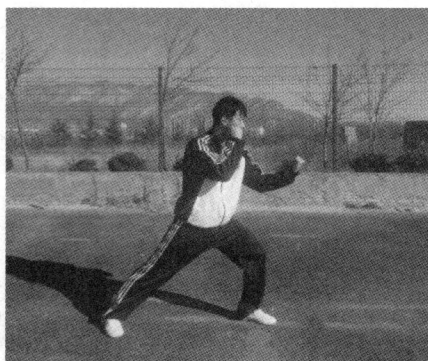

(a)　　　　　　　　　　　　　　　　(b)

图 5-9

动作要领：进步快捷，拳击迅猛。

十、抱腿顶摔

动作说明：起左脚前蹬；右脚落步成右弓步的同时双手变掌前插与膝同高，两掌心相距约 30 厘米，如图 5-10(a)所示；随即，右肩向前顶，两手后拉置于腹前成虎拳，目视前下方，如图 5-10(b)所示。

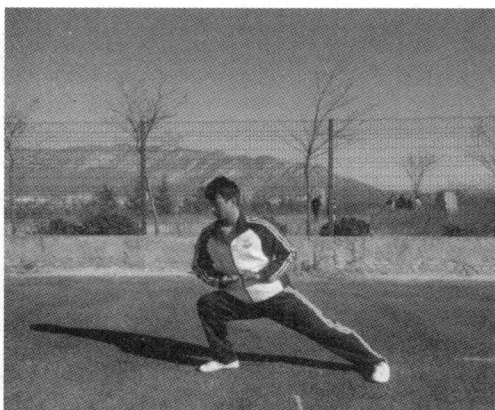

(a)　　　　　　　　　　　　　　　　(b)

图 5-10

动作要领：起脚前蹬猛，抱腿顶摔快。

十一、绊腿抡摔

动作说明：右脚进步，左脚自然跟进成左抄抱，如图 5-11(a)所示；随即，左脚在右脚后背步右脚扬起，如图 5-11(b)所示；左后转体成左弓步的同时，右脚后绊，左拳护于额前，如图5-11(c)所示;右手变八字掌由胸前抡摆置于左胸前20厘米处,目视前下方,如图5-11(d)所示。

(a)

(b)

(c)

(d)

图 5-11

动作要领:进步抄抱快,背步绊腿猛,转体抡拳狠。

十二、格挡弹踢

动作说明:右后转身180°成右弓步的同时右格挡,左拳护于额前,如图5-12(a)所示;接着左弹踢,如图5-12(b)所示;左脚落步成骑龙步的同时接右勾拳,目视前方,如图5-12(c)所示。

(a)

(b)

(c)

图 5-12

动作要领：转身格挡快，起脚弹踢猛，落步勾拳狠。

十三、侧踹下砸

动作说明：右脚在左脚后垫步的同时，起左脚侧踹，如图 5-13(a)所示；左脚前落步成骑龙步的同时，右肘在胸前下砸与左膝同高，目视前下方，如图 5-13(b)所示。

(a)　　　　　　　　　　　　　　　　　(b)

图 5-13

动作要领：侧踹迅猛，下砸狠。

十四、马步侧击

动作说明：提右膝上防，左手立掌前插掌心朝上，右拳后拉抬平与肩同高；右脚向前落步成马步的同时，左拳上架，右拳向前击出与肩同高，拳心朝左，目视前方，如图 5-14 所示。

图 5-14

动作要领：左脚独立稳固，马步侧击迅猛。

十五、提膝前截

动作说明：提右膝上防，左拳护于额前，右拳护于腹前；右脚在左脚后垫步成半马步的同时，左小臂左下格挡，右手成插掌收于腰际，如图5-15(a)所示；重心前移成左弓步的同时，左拳收于腰际，右掌前戳与喉部同高，目视前方，如图5-15(b)所示。

(a)　　　　　　　　　　　　　　　(b)

图 5-15

动作要领：提膝防守快，垫步前戳狠。

十六、摆勾冲膝

动作说明：左脚进步的同时接左摆拳，接右勾拳；随即，两拳变八字掌前插，与肩同高，两手下拉的同时右冲膝；右脚落步，左后转体180°成格斗势。如图5-16所示。

图 5-16

动作要领：拳击快捷，冲膝迅猛，转体到位。

擒敌拳十六式的收势：身体向右转的同时，两拳收于腰际，右脚靠拢左脚恢复立正姿势。

擒敌拳是一种以击打技术、防击打技术和擒拿技术为主的综合练习，是武警部队的必学科目。经常练习擒敌拳可以熟练动作要领，锻炼身体的协调性和灵活性，增强攻防击打的能力。其与前套擒敌拳的区别在于：非除了僵化古板的动作，增强了实战效果，使受训者身体的各部位都得到了具体全面的发挥和体现。

▋第六章　擒拿基础理论▲

擒拿是中国传统拳术之一，是中国传统武术的一个组成部分，也是中华武术宝贵的文化遗产，擒拿具有较明显的技击防卫作用，因而受到人们的喜爱。擒拿作为一种较独特的技击之法，它主要针对人体四肢关节和颈部等要害生理部位和穴位，并根据这些部位的生理特点和功能以及弱点来按逆关节和超限度施法拿制的原理，使用擒拿中刁、拿、扣、锁、拧、扳、挫、捆等技巧，进行擒拿或反擒拿。各种擒拿技巧可根据具体搏击情况分别单招运用拿制敌方，或者在可能的情况下为增强搏击效果可各种招法互相贯通使用，或者根据对方攻势实施不同的反擒拿之法。为了更好地掌握和发挥擒拿格斗的技击威力，不但要只掌握擒拿的技术方法，还要同时加强身体素质的全面训练，使身体各部位均得到锻炼，为掌握和提高擒拿技术打下坚实牢固的基础，这样在运用擒拿技术时才能得心应手。

第一节　擒拿的技术特点

擒拿术，是对立双方互为条件的近身技击术，是针对人体各部分关节和穴道，施以拿、点、切、挫、抓、搬、挖、封、绞、闭、牵、锁、刁、扣、缠、挂、压、提、分、靠等数十种方法，运用这些方法控制对方和化解对方控制，能有效地抵抗近身的对手，使对手没有击打余地。

擒拿术和其他拳术一样，是复杂多变的。在实战中双方对立的搏击动作都是相对的，有擒拿就有反擒拿或解脱，没有绝对不可破解之招式。由于双方力量的差异、技术的不同和实战经验的多寡，必然有主动和被动、胜利和失败之分。若双方功底大体相同，棋逢对手，就会形成擒拿与反擒拿的连续回合战，此种情况则是考验双方的耐力和持久力，看谁能掌握一瞬间的战机而获得压倒性优势。总而言之，擒拿有以下四个主要特点。

一、拿其一点，控制全身

擒拿动作一般通过反关节、抓筋、点穴、拿骨等技法，牵制对方，而后使其失去抵抗的能力。它的最大特点是只要控制对方一个重要部位和一个重要点位，便可使对方不能反抗。当然，要熟练到得心应手、游刃有余的境地，必须有过硬的擒拿"功夫"。所谓"功夫"就是身体素质加上技术。拿点穴来说，要点穴有效，手指的功夫必须过硬，要有力，同时还得加上准确的技术，即懂得穴道的位置及合理的点法。

二、以巧取胜，以技制人

擒拿术也是一种以巧劲取胜的技术，在运用时，要求避实就虚，随机应势，动作起来既要协调严密，又要懂得"劲路"。所谓"劲路"，即用劲的窍门和方法，有的人虽学会了擒拿动作，却不能随心所欲地运用，其根本原因是不懂得"劲路"。武术家尚劲不尚力。古人云："法生于外，巧生于内""审机明势，渐及神明"，就是要求擒拿动作必须以巧取胜，以技制人，借巧劲达到四两拨千斤的效果，使动作达到出神入化的境界。

三、动中有静，静中有动

擒拿动作开始时以动作快速制人，而拿住之后，则又是以静为主，即以静待动，这样"动中有静，静中有动"构成了"动静相合"的特点。一方拿，一方反拿，必然形成对立的局面，往往由于各自原因，不能瞬时解决问题，这就要在对立中变化，决不能光凭力量死抓硬拿，擒拿高手在相持时则常采月消劲、化劲、走劲、退劲等劲法，充分利用力的变化于动静之中，趁其旧力刚过，新力六出的一瞬间变换擒拿动作。

四、拿中有解，解中有拿

擒拿术千变万化，表现在有擒拿法也必有解脱法(又称反擒拿)。这样，一方拿，一方解，就构成了有拿有解、拿中有解、解中有拿的运动特点。我们常见的擒拿套路对练，充分表现出擒拿与反擒拿的动作技巧。如：擒拿三十六法、擒拿七十二法、擒拿一百零八法，就是按照这个特点编排的套路运动，它能表现出一环接一环、引人入胜、丰富多彩的擒拿技术。

但在实用擒拿中，功夫好的擒拿者往往会使对方不能解脱，有人称为"死手"("死手"即已把对方关节控制住，不能反抗和解脱)。这就说明要反擒拿必须掌握好时机，最好是在未成"死手"前进行，太极擒拿常常采用的"彼不动，己不动，彼一动，己先动"的技术方法，即为行之有效的反擒拿术。

第二节　擒拿的技术原理

我国四大武技之一的擒拿术，是一项技击性很强而又复杂的技击技术，它与运动力学、人体解剖学以及要害部位的生理特征有着密切的联系，并且运用于一招一式之中。可见，擒拿术的技术原理离不开这些科学知识。而且，依据运动力学、人体解剖学和生理学等学科的一般规律，形成以下所要阐述的四大技法、四大要素和四大要领。

一、擒拿的四大技法

1. 反关节

反关节是擒拿术的主要技法，也是最常用和最常见的拿法。它所采用的技术动作，往往迫使对方违反人体关节的活动范围和生理机制，采用力学中的杠杆原理达到迫使对方就范的目的。俗语云："秤砣虽小压千斤。"其中的杠杆原理就是擒拿术中以小力制大力的基本原理。如撅指、缠腕、压肘等方法，就是采用超出人体的指关节、腕关节、肘关节等的活动范围和杠杆技巧奏效的。反关节，归纳起来主要有缠、别、压、按、挫、挟、绞、锁、扭、拧十种招法。

2. 抓筋法

抓筋法也是擒拿术的主要技法之一。它是用五指的抓劲，将对方身体某部位肌肉或筋脉抓拿起来，使对方产生疼痛或失去反抗能力的一种技法。有人也称之为"拿筋脉""分筋法""捏脉法"等，如抓胸锁乳突肌和颈总动脉，能使人大脑供血不足，头晕目眩。又如抓裆部，能使人疼痛不已。它是针对人体容易抓起的肌肉、动脉和静脉关节，以及人体的某些要害部位。抓筋法有抓、捏、提、抗、挖、合、摘、卡、揪、顶常用的十种招法。

3. 拿骨术

拿骨术的动作虽然不多，但效果显著。它是拿对方的骨之结节处和人体中较小的骨头，例如锁骨、肋骨、指骨等骨骼较薄弱的部位。拿骨术主要是使对方有极痛感和骨部受伤，它有拿、搬、挖、扣、捏、卡六种主要招法。

4. 点穴法

点穴法是以中医的经络、穴道学说为基础，讲究人体内"经气"的运行规律和各个流注等方面较为深奥的技术。一般常用的点穴部位有：厥阴穴、眉心穴、水分穴、章山穴、合谷穴、曲池穴、气海穴等十几处穴道。另外，还分有麻穴、痛穴、晕穴等。如拿按手阳大肠经的合谷、曲池两个穴位，能使手臂麻木而又疼痛，并使其无法举起。点按足厥阴肝经的章山穴，能使人气逆胀满，不能俯仰。

现今社会上有的人把点穴法描绘得像武侠小说中那样的无限神秘，玄乎其玄，这其实是违背科学根据的刻意夸张，言过其实。实践证明：一般情况下点穴法不宜单独使用，只有配合其他技击法才能取得最佳的效果。

二、擒拿的四大要素

1. 素质

良好的身体素质是保证擒拿术能迅速奏效的根本条件。它所必需的素质主要是力量、速度、柔韧性以及灵敏性等四个方面，这些素质缺一不可，如手臂力量的强弱直接影响到胜负，手指的指力与硬度如何，关系到点穴、拿筋是否行之有效。古人云："一力降十会"，由此可知力量的重要性。以速度素质而言，擒拿术尤其重要，只有快速，方能取胜，倘若手慢，再神妙的手法，也难以奏效。所谓："天下武术，无坚不摧，唯快不破"，技击家也有："手快打手慢，神仙也难战"。可见，良好的各方面身体素质是练好擒拿的最基本条件。

2. 技术

擒拿技术千变万化，理法无穷，它可分为实用擒拿术和擒拿套路对练两大类。

1）实用擒拿术

实月擒拿术即单个擒拿动作与擒拿的解破法。它是通过擒拿的四大技法所进行的各种动作，内容由单擒、双擒、点穴、拿筋、反擒、摔擒、地趟擒、夺凶器擒、一擒二等多种方法组成。从人体解剖学来分析，作用的部位主要是手、腕、肘、肩、头、颈、躯干、胯、膝、踝等关节，以及穴位、经络和身体各要害部位。

2）擒拿套路对练

擒拿套路对练是经过整理选编好的擒拿动作，进行成套练习的一种方法。它将单个独立的擒拿动作根据套路对练编排的原则，编成有起势、段落以及收势的套路对练。

现代的擒拿套路发展很快，进一步吸收了一些跌扑、滚翻、窜与跳跃动作，逐步向高、难、美方向发展。在练习擒拿套路对练时，要求做到双方配合默契、意识清醒、攻防合理、协调紧凑，从而达到"一环自有一环接，环环粘连法无穷"的技艺境界。

总之，要充分发挥技术，就必须熟练地掌握动作。只有做到动作娴熟，才能逐步领会动作的要领，使技术不断提高。另外，练习时还必须注意少而精，所谓"绝招"就是从少而精中练出来的。"不怕千招会，只怕一招精"，说明练习武功，宁可少而精，不可多而疏。

3. 胆识

胆识也是决定擒拿成败的关键。常言道："一胆二力三功夫"，就是说要有勇敢的精神，做到临敌不怯场。临场思想要镇定，头脑要清醒，要瞬间果断地确定擒拿和反擒拿的技术方法，做出有效的技术动作。不出手则已，出手必犹如猛虎下山，使对手望而生畏。

总之，在胆识上应具有这样的战略思想："艺高临阵若无敌，凝神围视瓮中鳖，任凭势险心体顺，以静待动勿妄为"。

4. 艺术

历史上称武术为"武艺"，表演武功称为"献艺"。武术与艺术结下了不解之缘，这说明了练武必须重视艺术性，它是"技精"的根本因素。擒拿术也是这样，要达到功力深厚、登峰造极的地步，必须重视艺术修养。它在艺术性方面主要表现为识广、智多、灵活和多变。那么，怎样才能达到艺精呢？主要通过以下三方面来努力：一是要练好擒拿基本功，练功犹如万丈高楼起于平地。地基不牢，楼房必倒，不练基本，技艺难提高。二是要勤学苦练，持之以恒，"不吃苦中苦，难得艺高人"。三是谦虚好学，识多才能艺高，要互相尊重，相互交流。并要知道"强中还有强中手"和"天外有天，人外有人"的道理。同时要不断钻研武术理论和擒拿技术原理，掌握有关人体解剖学、生理学、生物力学等知识，反复实践，不断提高。

三、擒拿的四大要领

1. 快速准确，运用自如

快速准确主要是指两方面：一是迅速寻找出对方的弱点，做出选用何种擒拿动作的决定。二是以迅雷不及掩耳之势制服对方。古人云："劲脆如电击"，要以刚毅的追劲，迫使对方就擒。所谓运用自如，是指在技术娴熟的基础上，达到动作协调灵活，得心应手。

2. 精通劲路，力法顺达

懂得"劲路"是擒拿术的基本功夫。不同的擒拿动作有着不同的"劲路"，对待不同的对象，所采取的"劲路"也有所区别。"劲路"的难得也正在于此。如何理解动作的"劲路"呢？首先，要熟悉动作的过程，搞清动作的一般规律，从而熟练地掌握动作。在此基础上摸索该动作用劲的窍门。其次，必须在实践中接触各种对象进行练习，认真研究，并反复训练，不断琢磨，使力法顺达，以期达到运用自如的目的。

3. 内外合一，形神一致

擒拿动作要有威力，必须要"内外合一，形神一致"。擒拿法对"内"的要求主要是指"意"和"气"，对"外"是指"劲"和"技"。它们的关系是以意识为主导，两者紧密配合融为一体。"气"是助劲的诀窍，动作要以气催力，气沉者胜，气浮者败，这就是"气"和"劲"的关系。"劲"和"技"的关系是互相促进和互相配合，没有"劲"便不能发挥技术，没有技术，就是再有劲也使用不上。这就是"以意导体""内外合一"的基本原理。

4. 随机应变，刚柔相济

在应用擒拿术时，要注意随机应变，刚柔相济。常言道："机不可失，时不再来"，既要有机必进，又要善于观察变化，对方改变，自己也要改变，而且在变化中要注意避实就虚和虚中有实。刚柔相济是指以刚来柔化，刚去劲落的意思，只有做到柔中有刚、刚中有柔、刚柔相济，方能达到妙法无穷的境界。

第三节　擒拿术的训练

一、擒拿术的训练内容

擒拿术的训练与其他武术的训练一样，分为身体训练、技术训练和套路训练三个部分。身体训练的目的是提高身体素质，为技术训练服务；技术训练的目的是学会动作和掌握动作技术；套路训练则是身体训练和技术训练成果的运用和体现。这三者是相辅相成的关系，根据擒拿术的特殊需要，这里首先重点介绍提高身体素质不可缺少的一些发展力量、速度、柔韧性以及灵敏性等擒拿训练的基本内容。

1. 发展力量

力量是擒拿术所必须具备的重要素质之一，它包括一般力量和快速力量。发展力量素质不仅应提高肌肉收缩的绝对力量，还要发展各器官系统协调工作的能力和动作的速度。发展力量主要有两大方法：

(1) 徒手练习，如俯卧撑、引体向上、各种悬垂、支撑、倒立等，以及双人徒手和对抗练习。

(2) 器械练习，如沙袋、实心球、哑铃、壶铃、杠铃等，以及石担、石锁等一些传统的训练力量的方法。

2. 发展速度

速度主要包括反应速度、伸缩速度和移动速度，擒拿术主要发展反应速度。发展反应速度的一般方法是：

(1) 以最快的速度反复进行某一个动作的练习；

(2) 改变条件和对象，提高快速完成动作的能力。

动作的速度，主要取决于中枢神经系统的协调性和灵活性，同时也与动作的力量、协调性、灵敏性和耐力等素质有关。因此，发展速度还必须加强其他有关素质方面的训练，这样才能获得更好的效果。

3. 发展柔韧性

要达到解破对方擒拿的目的，并进行反擒拿，柔韧性是相当重要的。柔韧性，这里是指提高人体各部关节的活动幅度和肌肉、韧带的弹性。提高柔韧性的好处在于：① 解破对方擒拿时有周旋的余地；② 关节的活动幅度能练至极点，擒拿就对其不起作用了。一个优秀的擒拿好手，他的腕部柔韧性非常好，可以将手背、手心和小臂折叠起来，任何想擒拿他腕部的动作技术，均不起作用，而他却可以随时进行反擒拿。

4. 发展灵敏性

灵敏性是指完成动作的协调性和灵活性的程度，擒拿动作往往是在一刹那出现多种多样的变化，尤其是需要动作有一定的协调性和灵活性，这样才能掌握复杂的擒拿术，才能更充分地发挥力量和速度的潜在能力。发展灵敏性必须采用多种体育项目的练习，并结合专门性的擒拿套路练习，才能行之有效。

以上四种素质的发展，相互间都有着密切的联系。因此，不应孤立地进行练习，要坚持全面训练。

二、擒拿术的训练方法

1. "喂"法

"喂"法就是学生与老师在一起练习，主要由老师带领学生进行训练的方法，反复给练习者尝试和体会动作的要点。在传统训练中常常采用这种训练方法，它有助于较快地掌握技术动作。

2. "磨"法

"磨"法就是以学会动作为主的训练方法。通过较慢速度的磨炼来体会动作的过程和所擒拿的人体部位。通过这种"磨"法，逐步掌握动作要领，完成整个擒拿技术。

3. "复"法

"复"法即反复训练的方法。武术界流行的"拳打千遍，身法自然"这句谚语，说明只有重复练习，方可熟能生巧。有的人刚学会一些擒拿动作就不想练了，这样实质上基础是不牢固的，即所谓的"基础不牢，地动山摇"，当然也就不可能更好地运用它了。

4. "变"法

"变"法是一种变换条件的方法。擒拿的"变"法主要是变换训练对象，以期达到丰富实战经验和实际运用的技能。

5. "战"法

"战"法是一种接近实战的对抗性的训练方法。可采用一方拿，另一方解，然后逐步过渡到互擒互拿。这种方法是技术训练中所不可或缺的。

三、练习擒拿术应注意的问题

1. 防止伤害事故的发生，做好准备活动

充分地做好准备活动，是防止由于肌肉未活动开而造成扭伤和拉伤的有效措施，认真地对待每次练习。有些伤害事故的发生，往往是由于麻痹大意和注意力不集中而造成的，特别是在对抗练习时，一不留神就会发生事故。

在练习擒拿时，决不能随便，更不允许相互斗气、嬉戏打闹或者使用擒拿开玩笑。

2. 注重武德教育，明确练武目的

讲究武德是中华民族的优良传统，武德为历代武术家所推崇。习武应先习德，无论学什么武艺，都要重视修养武德。中华民族相传下来的崇高武德犹如皓月银光，泻地万里，鼓舞和教育了千万武林志士，代表了中华武林的主流。这是中华武术在经历上千年洗礼后仍然值得骄傲和提倡的。

加强武德修养，必须从习武"六戒"和"六为"做起。习武"六戒"是：一戒好斗怄气；二戒狂妄自大；三戒酒后滋事；四戒轻狂下流；五戒见危不救；六戒欺老凌弱。习武"六为"是：一为健身延年；二为正当防卫；三为伸张正义；四为人民服务；五为振兴武术；六为民族争光。

武界人士总结体现武德精神的"六戒"和"六为"，为进一步开展技击运动，使其沿着健康的方向发展，有着十分重要的现实意义。

第四节　力在擒拿术中的作用

在擒拿术的训练和研究中，懂得一些力学原理，将有助于擒拿技术的发展和提高。同时，擒拿技术也离不开力学原理，为使力的作用符合擒拿术本身的要求，必须认真探讨力学的一些基本规律。

1. 掌握力的作用时间和速度变化规律

根据"动量的变化等于力和时间的乘积"的原理，擒拿动作有时也应延长力的作用时间，使对方身体发生加速运动，不要立即收回，要有意识地向对方身上不断加力，使其移

动位置，这对控制对方会达到一定效果。

2. 掌握杠杆的原理

杠杆原理简单地说，就是力臂越长越省力。"秤砣虽小压千斤"就是这个力学的原理。人体本身是一个活的杠杆，下肢一般作为一个支撑点。没有脚和腿的有力支撑，身体和上肢的力量就无从发挥。擒拿中要求力从腰发，也是杠杆用力的一种运动形式。腰是人体的重心所在，也是动力中枢。一切发力(匕称发劲)都必须在高级神经系统的统一指挥和控制下，从腰轴(上下纵轴和前后、左右横轴)的捻动和重心的升降或位移开始，循着各有关发力部位的顺序，把力运至最后发力部位，从而爆发出强大的打击力量，即腰部发劲。另外，由于人体是活杠杆，当局部受到力的作用时，就会引起全身的连锁反应。因为人体有保护自己不受损害的天赋本能。因此，简单的擒拿手法，往往起不到最后决定胜负的作用。我们必须把力集中于对方的某个局部，才能构成真正威胁对方的力量。故必须善于使用两只手，能动地造成力的支点，使力集中作用于指、腕、肘、肩等部位，从而造成对方局部受力的被动状态，迫使对方就范。

3. 作用力和反作用力的原理

两手交搭相搏，善于运用作用力与反作用力的原理，有利于力量的发挥。根据这个原理，对手从上进攻，自己即可直往其下部，这是由于对方作为支撑反作用力的底部被袭击，使其上部的手的作用大大削弱，而充分利用对手之力以还其身，对手用力越大，遭受的打击就越重，这就是通过作用力和反作用力的关系，达到以巧取胜的目的。

4. 利用惯性的原理

利厈惯性就能顺势借力、巧妙地运月物体惯性的原理，既可减轻自己力的消耗，又能加大力的作用，决不要死顶硬抵对方的力，而要选择另外一个方向去用力，使对方陷入被动和失去平衡的局面。

5. 压力的原理

物理学中的力学原理告诉我们：在压力一定的情况下，受力面积越小，产生的压强就越大。例如，人们用很少的力，就能将纫针刺入很厚的布内，什么道理？就是因为针尖很细的缘故。运用这个原理，我们在做擒拿动作的时候，就必须考虑着力的点越小越好，使用点穴术时尤其是如此。

6. 旋转的原理

在力学上旋转是比较省力的。旋转可以增大防护的面积，也可以加强力的作用时间，使运动更加稳重、有力、定向。旋转的运动具有化解来自任何方向力的作用，旋转的手也是解脱对方擒拿的有效方法。因此，擒拿动作要利用"旋转"的原理来节省自己的体力，更好地发挥力的作用。

7. 利用合力的原理

能否利用合力，加力于对方的力上，是关系到能否提高擒拿效果的关键。顺着来力的方向及时顺势加力，这是用"四两拨千斤"的力学原理，借人之力予我用的巧妙的方法。

8. 利用力偶的原理

凡两个平行力大小相等、方向相反者,在力学上叫作力偶。力偶虽不能产生合力,但能使物体旋转。如擒拿中的"扭头"动作,就是根据力偶的原理,轻而易举地使头部拧转,采用这种方法效果甚佳。

第五节　擒拿术与人体解剖学

擒拿动作主要是根据人体的各关节和生理要害部位的一般规律设计而成的。人体关节的活动范围有一定的限度,通过擒拿动作,如能超出关节的极限度,关节就会受到损伤或功能受阻碍,这是擒拿技术的关节理论基础。

人体的关节运动,一般分为主动运动和被动运动,被动运动的范围一般大于主动运动的范围,例如,膝关节的被动伸直,可超过主动伸直5°～10°。这个正常的关节运动方式和范围因部位而不同,一般有屈、伸、收、展、内旋、外旋等。人体关节的活动范围也和年龄、性别及锻炼程度的不同有着直接关系,专门从事关节活动的人,包括武术运动员,杂技和京戏武功演员、舞蹈演员等,他(她)们的关节活动范围具有特殊的性能,另当别论。这里所介绍的是指一般人的关节活动限度,以中立位(相当于休息位)作为0°,提出如下主动的活动范围和被动的关节限度。

1. 颈部的关节活动范围和限度

主动活动范围:右侧屈45°,左侧屈45°;伸35°～45°,屈35°～45°;右旋60°～80°,左旋60°～80°。

被动的关节限度:左、右侧60°以上;伸、屈50°以上;左、右旋85°以上。

2. 肩关节的活动范围和限度

(1) 主动活动范围:肩前屈70°～90°,前屈上举150°～170°,后伸40°;肩内旋45°～70°,外旋45°～60°;肩外旋位外展上举180°,肩肱关节外展上举180°,外展80°～90°,内收20°～40°;肩水平位前屈135°,水平位后伸40°～45°。

(2) 被动的关节限度:肩前屈约150°以上,前屈上举180°以上,后伸80°以上;肩内旋80°以上,外旋65°以上;肩外旋位外展上举190°以上;肩肱关节外展上举185°以上,外展100°以上,内收50°以上;肩水平位前屈140°以上,水平位后伸60°以上。

3. 肘关节、前臂的活动范围和限度

主动活动范围:肘关节外旋70°,内旋70°;肘关节屈曲135°～150°,超伸10°,前臂后旋80°～90°,前旋80°～90°。

被动的关节限度:肘关节外旋75°以上,内旋80°以上;肘关节屈曲155°以上,超伸15°以上;前臂后旋95°以上,前旋100°以上。

4. 腕关节的活动范围和限度

主动活动范围:腕关节背屈(伸)35°～60°,掌屈 50°～60°;桡侧倾斜(桡曲)25°～

30°，尺侧倾斜 30°～40°。

被动的关节限度：腕关节背屈(伸)90°以上，掌屈 85°以上；桡侧倾斜(桡曲)40°以上，尺侧倾斜 45°以上。

5. 手部各关节的活动范围和限度

(1) 主动活动范围：掌拇关节屈 20°～50°，指间关节屈 90°；外展 40°；掌指关节屈 60°～90°，近端指关节屈 90°，远端指间关节屈 60°～90°。

(2) 被动的关节限度：掌拇关节屈 90°以上，指间关节屈 95°以上；外展 50°以上；掌指关节屈 95°以上，近端指关节屈 95°以上，远端指关节屈 95°以上。

6. 胸、腰椎的活动范和限度

(1) 主动活动范围：屈 90°；伸 30°；侧屈 20°～30°。

(2) 被动的关节限度：屈 120°以上；伸 50°以上；侧屈 40°以上。

7. 髋关节的活动范围和限度

(1) 主动活动范围：髋关节外展 80°～45°，内收 20°～30°；髋关节屈曲 130°～140°；髋关节超伸 10°～15°。

(2) 被动的关节限度：髋关节外展 55°以上，内收 40°以上；髋关节屈曲 145°以上；髋关节超伸 25°以上。

8. 膝关节的活动范围和限度

(1) 主动活动范围：膝关节屈 120°～150°，超伸 5°～10°；外旋 30°～40°，内旋 30°～40°。

(2) 被动的关节限度：膝关节屈曲 155°以上，超伸 15°以上；外旋 45°以上，内旋 50°以上。

9. 踝关节、足的活动范围和限度

(1) 主动活动范围：踝关节背屈 20°～30°，跖屈 40°～50°；跖趾关节伸(背屈)45°，屈(跖屈)30°～40°；中跗关节外翻 30°～35°，内翻 30°。

(2) 被动的关节限度：踝关节背屈 35°以上，跖屈 50°以上；跖趾关节伸(背屈)50°以上，屈(跖屈)45°；以上中附关节外翻 40°以上，内翻 35°以上。

第七章　擒拿基本技术

擒拿术是应敌防身之术。因此，快速地擒拿与解脱，能使自己主动灵活，能一快制百慢，并在快速中赢得制胜的时间。快则能捕捉战机，攻其不备。快速可以寻求敌人弱点，以逸待劳，多变战法，充分发挥自身特长。这就要求能够熟练掌握擒拿技击方法和战略、战术，临阵应敌自如，能巧妙地使用避实击虚、虚实并用、以柔制刚、刚柔相济等方法，将对方攻击之猛力引进落空。各种擒拿术与解脱法，不但技术非常复杂，规格十分严谨，而且在使用时必须精细准确。其动有方，其用有法，使法必准，否则后果不堪设想。要做到懂劲：即知来力之刚柔、虚实、变化；借劲：即借他人之力还击他人，如使四两拨千斤之力；使巧力：即我用粘、连、绵、随，缠于对手，遇机实发，这样就能在交手时处处主动。擒拿术力求反侧关节要超过其生理限度，点穴时要集中全身之力于一点击其要害，法到力到，充分体现"手到擒拿"的功用。

第一节　反拿散手袭击

一、掌挫腕

动作说明：当甲方用右直拳或掌向乙方面部击来时，如图 7-1(a)所示，乙方迅速向左侧跨步闪身，同时用右前臂向右上架，顺势缠抓甲方手腕；然后绕环将甲方手腕扭至左前下方，使其掌心反向外，随后乙方用左掌根向前猛挫其拳背，折伤其手腕，如图 7-1(b)所示。

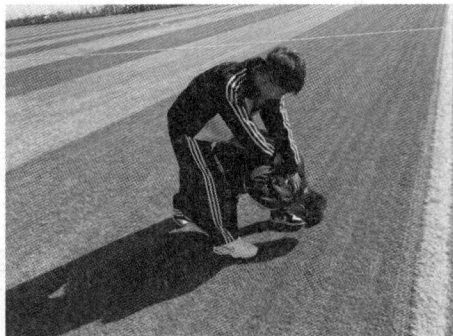

(a)　　　　　　　　　　　　　　　　　　(b)

图 7-1

动作要领：

(1) 架缠腕动作要快，抓腕部位要准确有力，用掌心扣甲方上腕，五指抓扣甲方的底腕，要将甲方之拳心扭向上，给左手创造有利条件。

(2) 挫腕时，乙方以之右手用力向后顿拉，左掌根猛向前挫其腕，两手同时用力。如感觉到对方腕力很强，不便挫腕时，可迅速用左手帮助右手将其腕抱于胸前，向右转身靠肘反拿之。

解脱法：按上例甲方被乙方拿住时，可迅速向上屈右肘，同时向前上左步，用左手托抓乙方右腕，然后用左肩向上扛其肘，反拿法解脱之。

二、扛臂压肘

动作说明：甲方用右直拳或掌向乙方面部击来，乙方稍向右闪身偏头让过其拳锋，如图 7-2(a)所示；同时，用右手向左格抓其前臂，拉靠于左颈侧，用左肘由甲方前臂向下，用缠劲猛压其肘，其肘可折伤，如图 7-2(b)所示。

(a)　　　　　　　　　　　　　　　　(b)

图 7-2

动作要领：

(1) 闪身偏头动作不宜过早，要在对方拳锋接近的瞬间进行，但抓臂、拉臂和压臂动作要快而连贯。

(2) 为防止甲方抽回右臂，乙方可耸左肩、屈左颈，将其臂挟于左颈侧。

(3) 压肘要有力，务必将其肘尖反向上，用肘窝裹缠，同时身体向右倾。

解脱法：按上例甲方被乙方拿住时，趁乙方未发劲，甲方迅速向前拧冲右臂，使肘尖转向下，然后向下屈肘猛抽右臂解脱之。

三、拢背掐喉

动作说明：甲方用右直拳向乙方面部击来，乙方迅速用左臂向上架开，如图 7-3(a)所示，顺势上左步，左手从甲方右腋下向前插，左手砸其前肘窝，如图 7-3(b)所示；同时用左手从甲方背后抓住其左肘，用力抱于其身后，使其左手不能向前出击，并用右手掐其喉，可使其闭气或休克，如图 7-3(c)所示。

(a)　　　　　　　　(b)　　　　　　　　(c)

图 7-3

动作要领：

(1) 上步、插臂、抓肘动作要快而连贯；顶肩要有力，务必使甲方身体后屈、重心不能自控、左手不能出击。

(2) 掐喉要用拇指和食指扣掐喉结两侧陷窝处。

(3) 当甲方紧收下颌不便掐喉时，可用"二龙戏珠"拿法，即以食指和中指扣其双目。

解脱法：按上例甲方被乙方拿住时，可趁乙方插臂、抓肘之际，速屈右肘从乙方头后向前拢挟其头，并用手指扣按其目，即可解脱。

四、抱腕撞肘

动作说明：当甲方用右直拳向乙方头面部击来时，乙方迅速用右手向左格抓其腕，如图 7-4(a)所示；乙方同时上左步，身体向右转，用左手帮助右手将其腕抱于胸前，如图 7-4(b)所示；乙方随即用左肩臂靠撞其肘，可折伤其肘，如图 7-4(c)所示。

动作要领：

(1) 乙方右手抓扣甲方上腕，左手由甲方右臂下向上反扣其前臂，双手用力抱紧。

(2) 转身靠肘时，为防止甲方向下屈肘，乙方可用左肘向上托，上体猛向右转靠。

(a)　　　　　　　　(b)　　　　　　　　(c)

图 7-4

解脱法：按上例甲方被乙方拿住时，趁乙方未靠肘之前，可速向前上左步，同时缩肩向右屈肘，并用左拳击打乙方的腹部解脱之。

五、挎臂勒腕

动作说明：当甲方用右拳或掌向乙方胸肋击来时，乙方迅速向左跨步闪身，并用右手向右格缠其腕，如图 7-5(a)所示；同时乙方用左手由甲方掌下向里反扣其掌背，然后将其腕钩向下屈，如图 7-5(b)所示；再将右手滑至甲方肘窝，拉弯其肘，使其肘尖顶于自己肘窝，左手用力向里勒其腕，其腕可折伤，必要时可代替手扣，逼其随行，如图 7-5(c)所示。

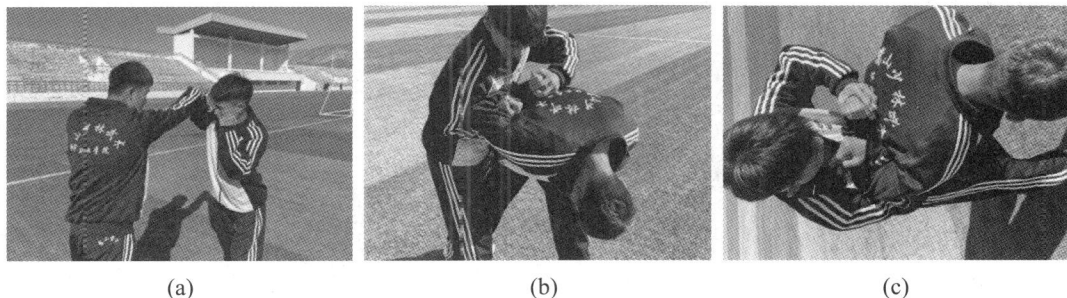

(a) (b) (c)

图 7-5

动作要领：

(1) 乙方用左手抓甲方掌背时，拇指扣入其掌心，其余四指扣抓其掌背。

(2) 勒腕时，务必使甲方之前臂端平与上臂成直角，并将其肘尖顶于自己肘窝，才能有利于勒腕。

解脱法：按上例甲方被乙方拿住后，甲方迅速用左手扣抓乙方左腕，左右手同时向右反转，可扭伤乙方手腕而解脱之。

六、卷腕

动作说明：当甲方用右掌向乙方面部击来时，乙方迅速向左闪身，同时用左手向右格挡，右手抓其掌，如图 7-6(a)所示；顺势将其掌心扭向上，同时用左手帮助右手扣抓，如图 7-6(b)所示；然后乙方两手拇指用力向前上顶其掌背，其余八指向下勾弯其腕，并猛向后下拉，可使甲方身体扑地，折伤其手腕，如图 7-6(c)所示。

(a) (b) (c)

图 7-6

动作要领:

(1) 抓掌时要屈腕由上向下反抓,用拇指扣按其掌背,其余四指由其掌内缘扣抓掌心,以便向上扭其掌。

(2) 卷腕时,两手拇指用力向前顶其掌背,其余八指要向两小指靠拢,猛力向下勾压其腕。

解脱法:按上例甲方被乙方拿住后,趁乙方未发劲时,迅速向前上左步,身体随之向右转,同时屈左肘,用左掌根顺着自己的右臂向前猛推乙方之抓手,可挫伤乙方之拇指,从而解脱卷腕。

七、挟臂折肘

动作说明:当甲方用右拳或右掌向乙方面部击来时,乙方迅速向左跨步闪身,用左手向右格抓甲方的前臂,如图 7-7(a)所示;并将其腕挟于右腋下,然后屈右肘向里挎缠其肘,如图 7-7(b)所示;乙方用右前臂紧顶甲方之肘部,身体猛向右转别其肘,其肘必折伤,如图 7-7(c)所示。

| (a) | (b) | (c) |

图 7-7

动作要领:

(1) 挟臂要准确,最好将甲方之腕部挟于腋下,便于挎臂折肘。如果甲方臂力较强,乙方可用左手推自己的右前臂,帮助向右别肘。

(2) 将甲方之前臂夹于腋下,不便挎臂别肘时,乙方可向侧后屈肘挟其腕部,前臂挎于胸侧,然后再猛向右转体别肘。

解脱法:按上例甲方被乙方拿住后,可抢先向前上左步,身体向右转,同时向右屈肘,并提右膝撞乙方裆部而解脱之。

八、别翅

动作说明:当甲方用右拳或掌向乙方头胸击来时,乙方迅速用左手由上向下托抓甲方手腕,如图 7-8(a)所示;顺势向里拧,并屈右肘向上弯其肘,随之向前上左步,身体向右转,同时右手由挎肘转为反掌压肩,左手用力向上推甲方的右手腕,其肩可脱位,如图 7-8(b)所示。

(a)　　　　　　　　　　　　　　　　　　　　(b)

图 7-8

动作要领：

(1) 抓腕、挎肘、压肩、推腕等动作要连贯，速度要快，力量要猛。

(2) 上步、转身要灵活，步幅大小要适应拿法的实际需要。

解脱法：按上例甲方被乙方拿住时，可在乙方挎肘的同时身体向左后转，左腿由乙方右腿前向后插，同时用左臂向后挟住乙方的腰，使其失去重心而解脱之。

九、捋腕锁喉

动作说明：当甲方用右拳或掌向乙方面部击来时，乙方迅速向左跨步闪身，同时月右手缠抓其腕，左手托抓其肘，如图 7-9(a)所示；然后乙方双手用力向右后捋，如图 7-9(b)所示；当甲方接近乙方时放开双手，顺势向左前上右步，屈右肘挎其喉，随之转向甲方身后，向上屈左肘，用右手扣抓自己左肘窝，左手向前按其头，右肘向回勒其喉，如图 7-9(c)所示。两三分钟后，可使其昏迷或休克。

(a)　　　　　　　　　　　(b)　　　　　　　　　　　(c)

图 7-9

动作要领：

(1) 捋腕、上步、屈肘和锁喉等动作，要协调连贯，迅猛有力。

(2) 锁喉时，右肘窝要紧贴其喉。如甲方用下颌封闭其喉，乙方可用左手抓甲方的头发，把甲方的头拉向后仰。

解脱法：按上例甲方被乙方拿住后，甲方可速用双手扣抓乙方的右手腕，同时猛力向下顿拉，颈向左扭转，以解锁喉之危；然后身体虚向左屈，向上提右肘，随之上体速向右反屈，使乙方露出右肋，再用右肘猛向后击其软肋即可解脱。

第二节　反拿抓腕、臂

一、反拿同侧手抓腕、臂

1. 叉腕扭掌

动作说明：当甲方用左手抓乙方右上腕时，乙方迅速用左手扣抓甲方之手背，如图 7-10(a)所示；接着右脚向前上半步，右手虎口猛向上叉弯其手腕，同时左手用力向前推扭其手背，其腕可扭伤，如图 7-10(b)所示。

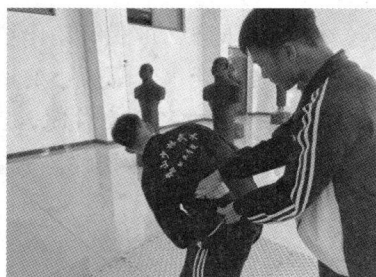

（a）　　　　　　　　　　　　　　（b）

图 7-10

动作要领：

(1) 右手叉腕时，左手可帮助右手上提，务必使甲方手腕屈成直角；左手抓掌，拇指要扣入虎口，其余四指从其掌外缘扣于掌心。

(2) 扭掌时，两手要同时向相反方向推拧，即右手向右拉腕，左手向左前推扭。

解脱法：按上例甲方被乙方拿住后，趁乙方未发劲时，可迅速向左上方屈肘，同时用右手向前抓住乙方左腕，用力向前下推拧，即可解脱。

2. 扣掌切腕

动作说明一：甲方用左手抓乙方右前臂时，乙方可迅速用左手扣按其抓手，如图 7-11(a)所示；同时右腕上屈，用拳内侧顶于甲方外腕处，然后两手用力向左猛切其腕，甲方手腕可折伤，如图 7-11(b)所示。

（a）　　　　　　　　　　　　　　（b）

图 7-11

动作说明二：甲方用左手抓乙方石手腕时，乙方迅速用左手扣住甲方之抓手，如图 7-12(a)所示；同时右掌可由甲方手腕外侧上勾，用右掌根猛向左切其腕，其手腕可折伤，如图 7-12(b)所示。

<table>
<tr><td>(a)</td><td>(b)</td></tr>
</table>

图 7-12

动作要领：

(1) 上述两例共同点是：必须用掌根内侧或外侧紧顶甲方之外腕，作为切腕着力点。

(2) 切腕时，为避免乙方手腕滑脱，在发劲切腕时，右手可向左上方摆切，左手向前推压其掌。

解脱法：按上述两例所示，甲方被乙方拿住后，甲方可用右手抓乙方左上腕，并用力向前推拧，同时左手向下压其腕，即可解脱。

3. 扣掌压肘

动作说明：当甲方用左手反抓乙方右上腕时，如图 7-13(a)所示；乙方迅速用左手扣抓其掌背抱于胸下，如图 7-13(b)所示，同时右脚向前上步，身体向左转，用右肘尖向下压甲方之肘，其腕必折伤，如图 7-13(c)所示。

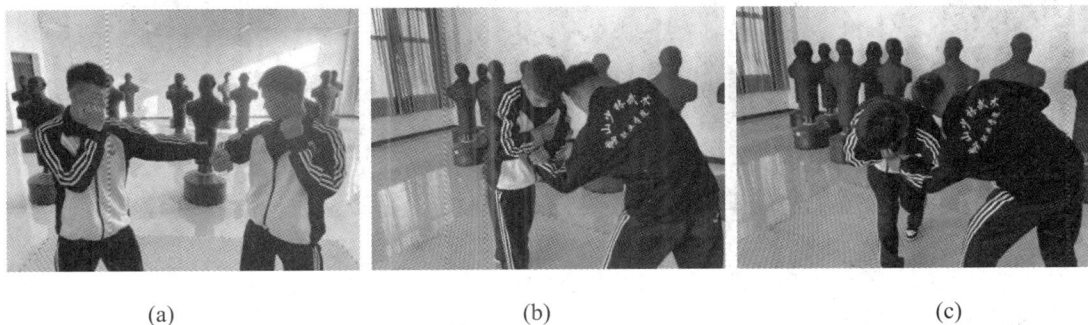

<table>
<tr><td>(a)</td><td>(b)</td><td>(c)</td></tr>
</table>

图 7-13

动作要领：

(1) 扣掌要有力，将甲方之臂紧抱于胸下，并稍向前下拧其臂，务必使其肘尖反向上。

(2) 压肘时上步，转身要快，压肘要猛。为防止对方屈肘，上体可向前紧紧靠压。

解脱法：按上例甲方被乙方拿住后，甲方可迅速屈肘上右步，身体向左转，同时用右拳击打乙方腹部，即可解脱。

4. 锁掌捋腕

动作说明：当甲方用左手虎口向上托抓乙方右腕时，如图7-14(a)所示；乙方迅速用左手由甲方之左腕上向右抓握自己右前臂(拇指在上，其余四指在下)，同时用右手抓握自己右前臂内侧，将甲方的手掌夹锁于两臂中间，如图7-14(b)所示；然后乙方双臂向前拧弯其腕，随之用猛劲向左下切其腕，其腕必折伤，如图7-14(c)所示。

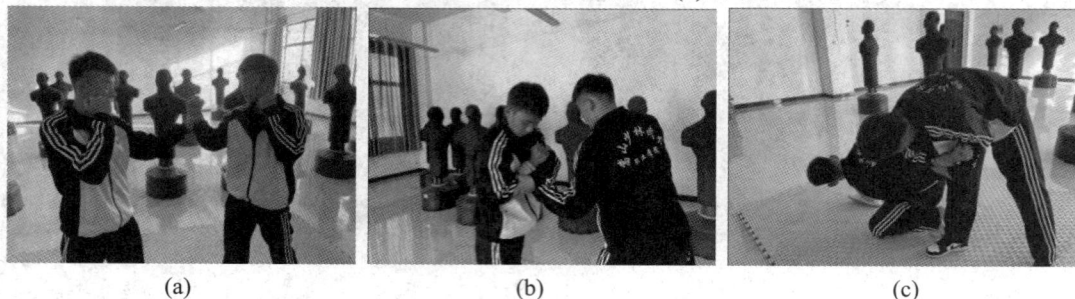

(a)   (b)   (c)

图7-14

动作要领：

(1) 锁掌动作要快，为防止其掌抽脱，两臂应速向右下拧，使其手腕下屈。

(2) 捋腕时，乙方之左掌根必须紧顶其外腕，这是捋切腕着力的关键所在。

解脱法：按上例甲方被乙方拿住后，甲方可迅速向前上右步并向下屈左肘，同时用右手扣抓乙方左腕，双手猛向前推拧其臂，然后左手向回顿拉，即可解脱。

5. 摆掌折腕

动作说明：当甲方用左手托抓乙方右手底腕时，如图7-15(a)所示，乙方可立即用左手托其掌背，两手上下夹紧；然后虚向右摆，顺势拉直其臂，如图7-15(b)所示；再猛向左平摆其掌，其腕可折伤，如图7-15(c)所示。

(a)   (b)   (c)

图7-15

动作要领：

(1) 乙方之双手必须用力挟紧甲方的手掌，否则摆动时松动会影响折腕效果。

(2) 最后向左摆掌时，要用颤抖劲甩摆。

解脱法：按上例甲方被乙方拿住后，甲方迅速缩左肩，伸右手扣抓乙方左腕，用力向前下推压，猛向回抽脱左手，即可解脱。

6. 屈肘别腕

动作说明：当甲方用左手抓住乙方右上臂时，乙方使用左手扣按其掌背，如图7-16(a)

所示；同时乙方屈右肘用前臂反压自己的左手背，帮助左手扣紧，如图 7-16(b)所示；然后乙方左脚向后撤一步，身体猛向左转，用右前臂别其腕，其腕可折伤，如图 7-16(c)所示。

| (a) | (b) | (c) |

图 7-16

动作要领：

(1) 乙方屈右肘时，要以拳心对向右肩，以前臂外侧顶靠其外腕，作为别腕着力点。

(2) 左手扣按甲方掌背时，要用掌根紧顶其抓手，避免别腕时其掌滑动。

(3) 乙方转身别腕时，要用猛劲完成动作。

解脱法：按上例甲方被乙方拿住后，甲方立即向下屈左肘，向前上右步，伸右臂握住自己左腕，同时屈右肘向前顶乙方胸部，即可解脱。

7. 扭肩折腕

动作说明：当甲方用左手抓住乙方右肩时，乙方迅速用左手扣住甲方之抓手，如图 7-17(a)所示；同时用右手扣压自己的左腕，帮助左手扣紧，如图 7-17(b)所示；随即乙方猛向左扭肩，其腕必折伤，如图 7-17(c)所示。

| (a) | (b) | (c) |

图 7-17

动作要领：

(1) 扣掌要有力，特别是左手拇指尖要顶住甲方之拇指和食指，其余四指要用力向小指靠拢，勾住甲方之外掌根，防止折腕滑动。

(2) 扭肩速度要快，可用抖劲先向右转肩，然后向左扭摆，虚实并举，易于收效。

解脱法：按上例甲方被乙方拿住后，甲方可用顿挫劲向前冲臂，随即向后顿拉抽脱左手。

8. 以肩挫腕

动作说明：当甲方用左手抓住乙方的右肩时，乙方即用左手抓扣其腕，如图 7-18(a)

所示；乙方用右手从甲方臂下向上扣住自己的左腕，两手用力将其腕拉至肩下，如图 7-18(b) 所示；同时乙方用右臂托直其肘，使其掌与臂成直角，再用右肩猛向前下顶其掌，可折伤甲方的手腕，如图 7-18(c) 所示。

(a)　　　　　　　　　　(b)　　　　　　　　　　(c)

图 7-18

动作要领：

(1) 乙方由肩上向下拉腕后，左手虎口不要紧顶甲方的腕关节，以免阻碍向前挫腕。

(2) 乙方用肩挫腕时，要屈体向斜前方挫，双手要用力向上托拉其腕。

解脱法：按上例甲方被乙方拿住后，可速向前上右步，同时甲方用右手抓住乙方右前臂；然后两臂虚向前顿挫，再猛向回顿拉左手，即可解脱。

二、反拿异侧手抓腕、臂

1. 小缠腕

动作说明：当甲方用右手正抓乙方左上腕时，乙方速用左手扣按甲方右掌背，如图 7-19(a) 所示；同时用右掌向上缠抓其腕，将其臂拉直，如图 7-19(b) 所示；然后两手向右拧压其腕，并向右后顿拉，甲方手腕必折伤，如图 7-19(c) 所示。

(a)　　　　　　　　　　(b)　　　　　　　　　　(c)

图 7-19

动作要领：

(1) 小缠腕拿法，重要的是拉直其臂，否则将不会产生折腕效果。

(2) 拧压和拉腕动作要快而有力。

解脱法：按上例甲方被乙方拿住后，要趁乙方未发劲之前，甲方迅速向上提右肘，然后用左手向前上推其右肘，并向右推压反拿，即可解脱。

2. 抱掌靠肘

动作说明：当甲方用右手反扣乙方右腕(如图 7-20(a)所示)时，乙方迅速用左手由下向里反扣甲方手背，抱于胸下，如图 7-20(b)所示，然后乙方上左步身体向右转，用左上臂猛靠其右肘，可折伤其肘，如图 7-20(c)所示。

(a)　　　　　　　　　　　(b)　　　　　　　　　　　(c)

图 7-20

动作要领：

(1) 抱掌时，为防止甲方的手臂抽脱，乙方上体可稍前倾用力抱紧。

(2) 靠肘时，要用腰部抖转劲猛靠其肘。

解脱法：按上例甲方被乙方拿住后，甲方左脚可向前上半步，同时向右屈肘，以解靠肘危机，再用右拳击打乙方的胸部，即可解脱。

3. 扛肘

动作说明：当甲方用右手抓住乙方右腕时，或托抓底腕时，乙方可用右手对抓其腕，如图 7-21(a)所示；用左手帮助右手扣抓，然后乙方之双手向上托拉，同时向前上左步，如图 7-21(b)所示；用左肩扛其肘，双手用力压其腕，其肘必折伤，如图 7-21(c)所示。

动作要领：

(1) 抓腕、上步、扛肘动作要快；扛肘时要耸肩，上体稍倾，但不宜大幅度弯腰。

(2) 扛肘拿法，只适用于身材相仿的对手，不适用于身高相差过大的对手。

解脱法：按上例甲方被乙方拿住后，要趁乙方向上拉腕之机，迅速向前上左步，屈右肘肩扛，同时用左手抓抱其左手腕，顺势用左肘靠撞其左上臂解脱之。

(a)　　　　　　　　　　　(b)　　　　　　　　　　　(c)

图 7-21

4. 缠臂压肘

动作说明：当甲方用左手抓住乙方右前臂时，乙方用左手扣住甲方抓手，如图7-22(a)所示；乙方右手向上缠抓甲方右前臂，如图7-22(b)所示，同时上左步屈左肘；乙方向下反压甲方之左肘，可折伤其肘，如图7-22(c)所示。

| (a) | (b) | (c) |

图 7-22

动作要领：

(1) 乙方缠住甲方左前臂以后，要用力向外拧压，使其肘反向上。

(2) 压肘时，上体要向左倾，以助左肘压力。

解脱法：按上例甲方被乙方拿住后，甲方可向前上左步，用左手抓住乙方左手腕，右手抓住乙方右手腕，双手同时用力向左右反拉，使其两臂交叉，这样既可解脱，又可进攻。

5. 转身别腕

动作说明：当甲方用左手抓住乙方右上臂时，如图7-23(a)所示；乙方速用左手扣按其抓手，用右前臂从甲方臂下向上抱按于自己左手腕上，帮助左手扣紧，如图7-23(b)所示，同时以右前臂紧顶于甲方右手腕外侧；乙方随即撤右步，猛向右后转体别腕，可折伤其腕，如图7-23(c)所示。

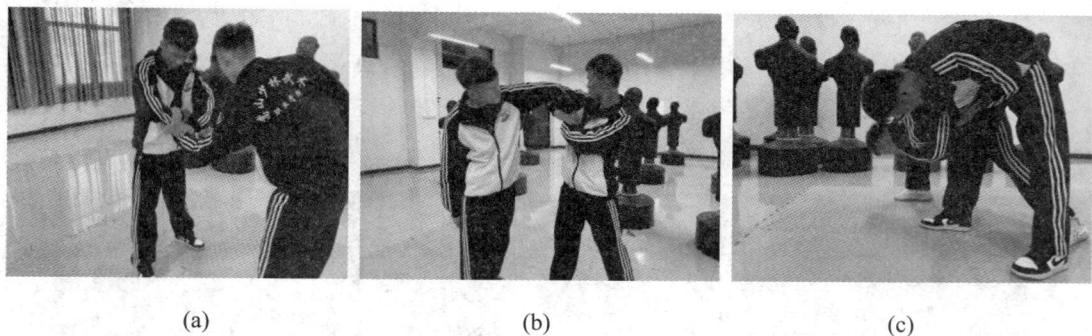

| (a) | (b) | (c) |

图 7-23

动作要领：

(1) 抓扣甲方手腕要有力，防止其松动滑脱。

(2) 别腕速度要快，要用腰部抖劲完成动作。

解脱法：按上例甲方被乙方拿住后，可向前上左步，用右手抓握乙方右前臂，然后双手同时向回顿拉，即可解脱。

6. 转肩扭腕

动作说明：当甲方用右手抓住乙方右肩衣时，如图 7-24(a)所示；乙方迅速用左手扣住甲方之抓手，同时用右手从甲方右臂下向上扣于自己左腕上，如图 7-24(b)所示；用右掌内侧紧顶甲方外腕，然后向后转肩扭腕，可扭伤其腕，如图 7-24(c)所示。

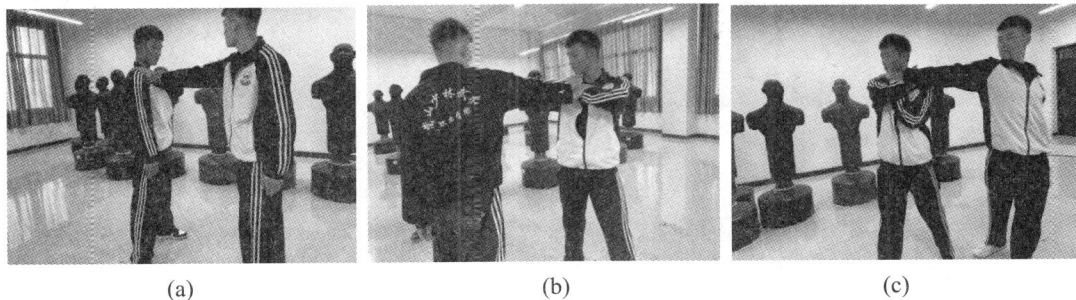

(a)　　　　　　(b)　　　　　　(c)

图 7-24

动作要领：

(1) 扣按抓手要有力，左手四指要紧紧勾扣于甲方抓手内侧。

(2) 扭按时要用猛劲转肩，同时要用右肩顶其右腕，以便起到杠杆力的作用。

解脱法：按上例甲方被乙方反拿住后，趁乙方未发劲转肩时，猛向前冲左拳，使乙方扣手松脱，随之向回顿拉，即可解脱。

三、反拿双手抓腕、臂

1. 双捆手

动作说明一：甲方用右手正抓乙方右上腕，左手反扣右肘下压，如图 7-25(a)所示；乙方可虚向前冲右臂，随即向回顿拉屈肘，同时上左步，用左手由甲方左腕下向上挑缠其腕，然后乙方之双手同时向上缠抓其左右腕，如图 7-25(b)所示；将其臂交叉拉向两侧，用甲方之左臂捆住其右臂，再用右手猛击其肋，其肋可折伤，如图 7-25(c)所示。

(a)　　　　　　(b)　　　　　　(c)

图 7-25

动作说明二：甲方用右手抓住乙方右上腕，左手托抓乙方右肘，企图掳臂，如图 7-26(a)所示；乙方可上左步用左手从自己右膂下扣抓甲方左腕，两手同时缠抓其左右腕，如图 7-26(b)所示；将其双臂拉向两侧，用其右臂压住其左臂，脱出左手击肋，如图 7-26(c)所示。

(a)　　　　　　　　　　(b)　　　　　　　　　　(c)

图 7-26

动作说明三：甲方用右手抓住乙方右上腕，又用左手交叉抓住乙方左腕，乙方可用上述两例反拿之。

动作要领：

(1) 以上三例中的反缠腕动作，双臂要贴身屈肘，向两侧缠拉甲方左右腕，缩短两臂前伸的半径，增加拉力。

(2) 乙方将甲方臂拉成交叉时，身手要同时向前推靠捆住其手，以便出击。

解脱法：按上述三例甲方被乙方捆住双臂时，如右臂捆在左臂下，甲方可趁乙方放开右手进攻时，迅速用左手缠抓乙方右腕，右手帮助左手由下向上抓抱于胸前，同时撤步向左转体，用右上臂撞其肘，即可解脱。如左臂捆于右臂下，可采用与上述解脱动作相同、方向左右相反的方法。

2. 转身切喉

动作说明：当甲方用右手抓乙方右上腕时，同时左手托抓右手底腕，双手向后反拧，乙方可用右手反扣住甲方左手底腕，如图 7-27(a)所示；左脚向后撤一步，身体随之向左后转，同时用左掌切其喉或掐喉，可使乙方闭气或休克，如图 7-27(b)所示。

动作要领：

(1) 乙方撤步转身速度要快，背要向后挺，尽可能使自己右臂蜷缠于腰部，防止甲方向上推拿。

(2) 切喉或掐喉时，若乙方紧收下颌，也可用"二龙戏珠"(用食指和中指扣按双目)反拿之。

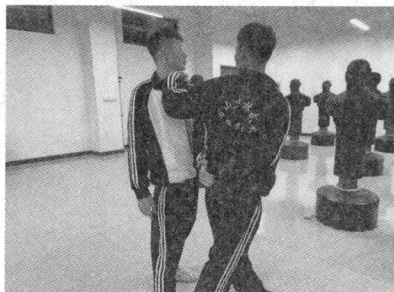

(a)　　　　　　　　　　　　　　(b)

图 7-27

解脱法：按上例甲方被乙方拿住后，可速向左屈体，同时用右拳猛击其腰部，左手向右回顿拉，即可解脱。

第三节　反拿抓衣领、腰带

一、反拿前抓衣领、腰带

1. 扣腕撞肘

动作说明：当甲方用左手抓住乙方胸衣领时，乙方可用左手扣紧其抓手，如图 7-28(a)所示；右脚向前迈一小步，同时屈左肘用前臂外侧，由下向左上猛撞其肘，其肘可折伤，如图 7-28(b)所示。

(a)

(b)

图 7-28

动作要领：

(1) 抓手、上步和屈臂、撞肘等动作，要快速、连续并同时进行。

(2) 撞肘时，要充分发挥腰轴的捻转力，用以腰送肩、以肩冲肘的抖劲完成动作。

解脱法：按上例甲方被乙方拿住后，甲方可用顿挫劲猛向前冲左臂再向后拉屈肘，右拳向前击其胸，即可解脱。

2. 托肘压腕

动作说明：当甲方用左手揪住乙方胸衣领时，乙方可用左手托抓其手腕，同时用右手抓其肘，如图 7-29(a)所示；然后上右步用左手将其腕拧反向上，并将其拉靠右肩，同时右手向上托其肘，左手向下压其腕，如图 7-29(b)所示，其肘可折伤。

动作要领：

(1) 托肘时，乙方之右前臂要垂直于右肩前侧，起到杠杆支点作用。

(2) 托肘部位：如欲折伤其肘，右手可托其肘关节下部；如欲使其向后倒，可加长力臂，托其关节前部向前推送。

(3) 此种拿法只适用于身高相仿的对手，不适于身材高矮相差较大的对手。

解脱法：按上例甲方被乙方拿住后，甲方可向前冲击左臂，破坏乙方身体重心，随之向前上右步，用左手反抓其左腕，右手抓其右腕，然后用双捆手法解脱。

（a）　　　　　　　　　　　　　　　　（b）

图 7-29

3. 大缠臂拧肘

动作说明：当甲方用左手抓住乙方胸衣领时，乙方即用左手扣抓其手背，如图 7-30(a) 所示；同时上右步用右手由之左臂下向上反抱其前臂，并用右肘向上托弯其左肘；然后双手和上体向前下拧压其前臂，其肘可折伤或脱臼，如图 7-30(b)所示。

（a）　　　　　　　　　　　　　　　　（b）

图 7-30

动作要领：

（1）缠臂要双手用力向胸前抱紧，并使其左底腕贴胸，有利于拧压肘部。

（2）向前拧压臂时，必须将其前臂与上臂弯成直角，否则将不会收到折肘效果。

解脱法：按上例甲方被乙方拿住后，甲方可向右冲前臂，同时用右手击其上腹部，即可解脱。

4. 掰腕扭肘

动作说明：当甲方用左手抓住乙方胸衣领时，乙方可用右手反抓其手背(用拇指扣按其无名指与小指之间的掌麻穴，其余四指由其抓手内侧扣入掌心)，如图 7-31(a)所示；同时用左手托抓其肘，然后向里拉弯其肘，左手上托，右手同时向外掰扭其掌，其肘可折伤或脱臼，如图 7-31(b)所示。

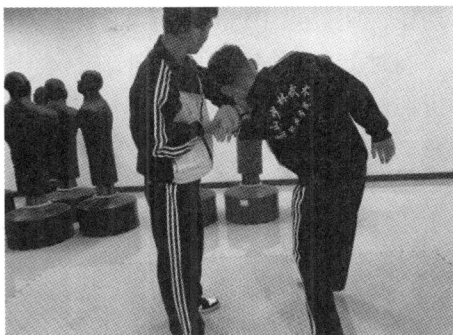

(a)　　　　　　　　　　　　　　　　(b)

图 7-31

动作要领：

(1) 两手抓拍部位要准，用力要狠。

(2) 双手要同时向相反方向掰腕和托肘。

解脱法：按上例甲方被乙方拿住后，甲方可向前上右步，上体向左屈，同时用右手向前推拧乙方左腕，即可解脱。

5. 绷肘

动作说明：当甲方用左手扣抓乙方胸下衣带时，乙方即用右手抓住甲方手腕，如图 7-32(a)所示；同时向后撤右步，乙方用左手由甲方右臂下向前抓推其胸，然后身体猛向右转，乙方用左上臂向前绷靠其肘，其肘即可折伤，如图 7-32(b)、(c)所示。

(a)　　　　　　　　　　(b)　　　　　　　　　　(c)

图 7-32

动作要领：

(1) 绷肘时，乙方要用力推其胸，妨止甲方转身用左手反击。

(2) 绷肘时，要用相反的作用力完成动作，即乙方之左上臂向前靠撞其右臂，右手要向左推其右腕。

解脱法：按上例甲方被乙方拿住后，甲方右臂可用柔化劲向前下旋内拧送，上体随之向前倾，使肘尖反向上；同时用左手抓住乙方左腕，身体向左转，顺势反靠其左肘，即可解脱。

6. 挎肘

动作说明：当甲方用左手仰抓乙方腰带(如图 7-33(a)所示)时，乙方即用右手扣抓甲方右腕，同时上左步屈膝，用左肘向上挎其肘，身体猛向右后挺，右手向左下推压其腕，其肘可折伤，如图 7-33(b)所示。

(a)

(b)

图 7-33

动作要领：

(1) 挎肘动作要用蹬左腿和向后挺身的爆发力完成。

(2) 挎肘时，为防止对手左手反击，应以左脚为轴，身体要随时保持向右转胯的动作。

解脱法：按上例甲方被乙方拿住后，甲方要放开抓腰带之手，同时反抓乙方之右手底腕，并用力向左拧，身体随之向左前屈，使右肘尖旋向上，即可解脱。

二、反拿后抓衣领、腰带

1. 转身倒撞肘

动作说明：当甲方用右手抓住乙方后衣领(如图 7-34(a)所示)时，乙方迅速用左手向颈后扣住其抓手，如图 7-34(b)所示，同时向右后撤步，转身屈右肘猛向后上方撞击其肘，其肘可折伤，如图 7-34(c)所示。

(a)

(b)

(c)

图 7-34

动作要领：

(1) 当乙方被甲方抓住后衣领后，乙方可迅速屈双膝向后撤右步，稳固住身体重心。

(2) 撞肘之前上体可稍向左前倾，拉直其臂，再向后转体撞肘。

解脱法：按上例甲方被乙方拿住后，甲方可向前、向内旋冲右臂，使肘尖反向下，然后借其反抵力，再向回顿拉，即可解脱。

2. 摆肩扭腕

动作说明：当甲方用右手抓住乙方右后肩(如图 7-35(a)所示)时，乙方迅速用左手扣住其抓手，同时用右手扣握自己左腕，帮助左手扣紧，然后左脚向前上半步，右肩虚向右转拉直其臂，随即猛向后可甩摆，其腕可折伤，如图 7-35(b)所示。

(a)   (b)

图 7-35

动作要领：

(1) 扣按甲方之抓手要紧，步法移动要灵活。

(2) 摆肩要用腰轴的抖劲甩摆。

解脱法：按上例甲方被乙方拿住后，甲方之右臂要用顿劲向前旋冲，破坏乙方的摆肩动作，然后向下屈回拉，同时以左掌击打乙方肋部以解脱。

3. 挟臂折肘

动作说明：当甲方用右手抓住乙方右侧背衣(如图 7-36(a)所示)时，乙方迅速向后撤右步，身体向左前倾拉直其臂，同时向后屈右肘，由甲方臂上向下反转甲方前臂，挟于右腋下，如图 7-36(b)所示；然后猛向右转体，用右前臂向外别其肘，其肘可折伤，如图 7-35(c)所示。

(a)   (b)   (c)

图 7-36

动作要领：

(1) 向外别肘时，可用左手帮助自己右前臂向右推别。

(2) 转体要猛，步点要根据动作需要灵活移动。

解脱法：按上例甲方被乙方拿住后，迅速向左前方上步，身体随之前倾，向后用力屈右肘，先解折肘之危，然后再用左掌向前击肋解脱之。

4. 扣腕后撞肘

动作说明：当甲方用右手抓住乙方后腰带时，乙方可用双手向后抓住甲方手腕，如图 7-37(a)所示；同时向右后转身撤步，用右上臂猛靠撞其右肘，其肘可折伤，如图 7-37(b)所示。

(a)　　　　　　　　　　　　　　　　(b)

图 7-37

动作要领：

(1) 双手抓腕时，两手拇指在上，其余八指在下用力扣紧。

(2) 撞肘时，要发挥腰部捻转的猛疾劲，用右肘上部向后猛撞其肘。

解脱法：按上例甲方被乙方拿住后，甲方可迅速向左前跨步，向右屈肘横顶乙方腰部，阻止其转身，同时用左拳击其后背解脱之。

第四节　反拿抱腰、臂

一、反拿前抱腰、臂

1. 金蝉脱壳

动作说明：当甲方从前面抱住乙方的双臂和腰(如图 7-38(a)所示)时，乙方迅速屈双肘向前抓住甲方左右上臂或双肩，随即向前推压，同时向上抬双肘，坠肩、拱背、缩臀，将甲方之双臂滑脱至肩上，如图 7-38(b)所示，然后有以下三种拿法：

拿法一：脱壳剪喉。如前式乙方用前臂交叉，将甲方之两前臂拢挟于左右颈侧，然后用两掌外缘猛向前推剪其喉。

拿法二：脱壳压肘。如前式乙方将甲方之双臂拢挟于左右颈侧，身体向左屈，用右肘窝向下裹压其左肘。

拿法三：脱壳撞裆。如前式乙方可在拢挟甲方臂的同时，屈膝缩臀，然后提右膝撞裆反击之。

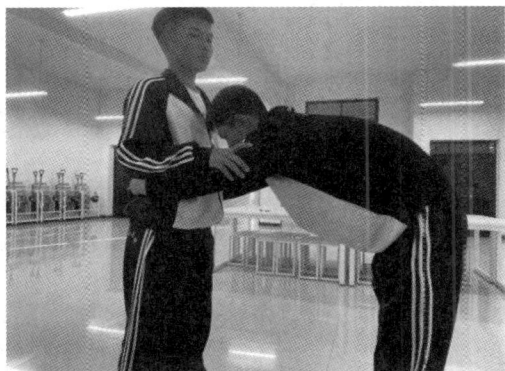 

(a)　　　　　　　　　　　　　　　　　(b)

图 7-38

动作要领：

(1) 脱壳动作，要用柔绵蜷缩的巧劲儿进行抬臂脱壳。

(2) 拢挟甲方双臂，乙方之两前臂要交叉向里拢挟和抓握甲方之双肘，将其前臂拢靠于左右颈侧，防止其抽脱。

(3) 脱壳压肘动作要集中力量压其一肘，乙方用右肘窝将甲方之左肘尖裹缠向上，以便下压。但为防止甲方另一手抽脱，仍要双手拢紧。

(4) 脱壳撞裆，要在屈膝缩臀的基础上使身体拉开一定距离，给提膝撞裆创造条件。撞裆动作要快而猛。

(5) 如甲方身高体大企图抱摔乙方时，乙方可屈肘用双拳顶其肋，阻止其抱摔。

解脱法：按上述三法，甲方可趁乙方脱壳向前拢挟臂之机，迅速向下屈肘抽臂，然后顺势向前击打乙方的肋部，即可解脱。

2. 双掐喉

动作说明：当甲方用双手从前面抱住乙方的腰时，乙方可用双手拇指扣按甲方喉结两侧的深窝或颈动脉，两手四指扣拢其后颈，可使其昏厥休克，如图 7-39 所示。

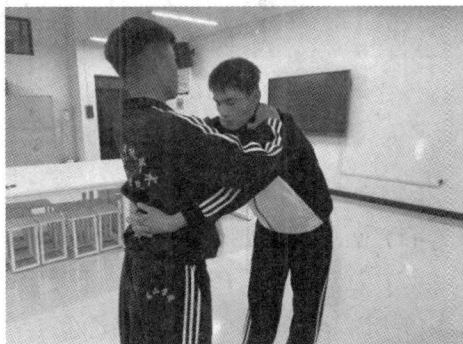

动作要领：

(1) 掐喉部位要准，拇指掐扣要狠。

(2) 若甲方放开抱腰之手企图向乙方袭击，乙方可速向左前迈出一大步，将甲方绊倒仰卧于

图 7-39

地，用右膝顶胸，两手继续掐喉。

解脱法：按上例甲方被乙方拿住后，甲方可在乙方企图掐喉时，缩颈收颌，拱背屈膝，放开双手，用两拳由乙方胸下向上猛击其下颚，即可解脱。

3. 双燕夺窝

动作说明：当甲方用双臂从前面抱住乙方的腰时，乙方可用双手拇指扣按甲方双目，两手四指捧扣乙方两侧颌骨，即可夺其双眼窝，如图 7-40 所示。

动作要领：

(1) 捧扣两腮要稳而有力，扼制其头部晃动，以便扣睛。

(2) 此种拿法损害性很大，可能会使对方双目失明。必要时可留有余地，损其一目。

解脱法：按上例甲方被乙方拿住后，甲方可迅速放开抱腰双臂，猛向下屈膝、缩颈藏头，同时用双拳击打乙方软肋解脱之。

图 7-40

4. 屈肘砸颈

动作说明：当甲方从乙方左侧抱腰，藏头于乙方背后(如图 7-41(a)所示)时，乙方可向右侧跨步稳定身体重心，同时向上伸臂，再屈肘向后下砸其后颈，可使其髓脑受震荡而休克，如图 7-41(b)所示。

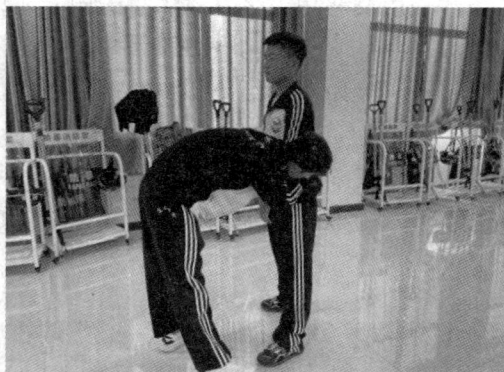
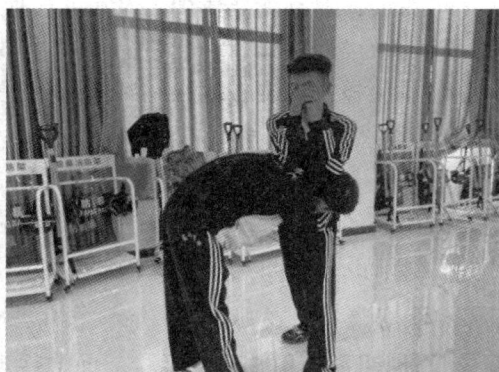

(a)   (b)

图 7-41

动作要领：

(1) 砸颈部位要准确(砸颈椎上端)。

(2) 若对方藏头部位较高，不便于砸颈时，可根据具体情况砸其后心，砸腰侧肌或软肋。

解脱法：按上例甲方可趁乙方举臂要砸击时，放开抱腰之手，用右肩向上猛顶其腋窝解脱之。

二、反拿后抱腰、臂

1. 挫踝

动作说明：当甲方从乙方身后抱住腰时，乙方迅速向左跨步屈体，取得向右回摆的有利形势，如图 7-42(a)所示；然后提右脚上踢猛向左摆，用脚蹬挫其右踝关节，如图 7-42(b)所示。

(a)   (b)

图 7-42

动作要领：

(1) 挫踝动作，首先要借助上体向右回摆之力，迫使甲方踏实蹬地，给挫踝造成有利条件。

(2) 蹬挫部位是踝关节上端，使其向外侧滚折。

解脱法：按上例在乙方企图挫踝时，甲方可用力向前挺腹，同时向上抱提乙方腰部解脱之。

2. 猛虎倒坐窝

动作说明：当甲方从乙方身后抱住腰(图 7-43(a)所示)时，乙方可迅速向右侧跨步，虚向后仰头，再猛向前屈体，用双手抓住甲方踝关节或足跟，如图 7-43(b)所示；用力向上扳，同时猛向后突臀坐膝，其膝可折伤，如图 7-43(c)所示。

  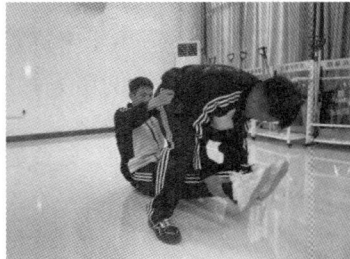

(a)   (b)   (c)

图 7-43

动作要领：

(1) 乙方为了屈体抓甲方足踝，可虚向后仰头撞面，使甲方注意力集中于防止击面，然后屈体扳足，则易于成功。

(2) 乙方向右侧跨步的目的是要将甲方之左右腿闪露在自己两腿之间，便于用手扳抓，同时亦可缩短屈体抓足的距离。

(3) 坐膝的动作要猛，部位要准确坐于膝关节上部，才能收到折膝的效果。

解脱法：

(1) 按上例甲方感知乙方企图用倒坐反拿时，甲方可趁乙方向下屈膝之时，顺势屈体向后缩臀，然后用力猛向前挺腹送胯，同时抽出抱腰双手推其后腰解脱之。

(2) 按上例甲方被乙方抓住左足时，可迅速向后坐地身体后倒，同时屈右膝用脚猛蹬乙方臀部以解脱。

3. 耸肩顶颌

动作说明：当甲方用双臂由乙方身后抱住腰(图 7-44(a)所示)时，如甲方头偏于乙方背右侧，乙方身体可向左侧倾，同时坠右肩紧贴于甲方胸前，然后乙方上体速向右反，右肩猛向后上顶甲方下颌，其颌可挫伤，如图 7-44(b)所示。

　　　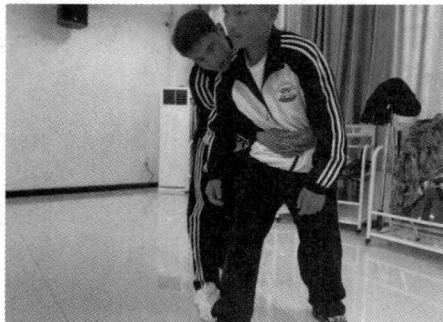

(a)　　　　　　　　　　　　　　　(b)

图 7-44

动作要领：

(1) 顶颌时，乙方右肩可先用猛劲向后拍打甲方的胸部，使其头部向前颤动，再顺势耸肩顶颌。

(2) 此法不适用于身高相差过大，或抱腰部位较高的对手。

解脱法：按上例甲方知乙方欲顶其颌时，可速收颌挺腹，身体向后弓，或头向左闪，让过乙方之肩峰解脱之。

4. 挟颈掐喉

动作说明：当甲方从乙方身后抱住腰时，乙方速向左斜前方跨出一步，成为左弓步，如图 7-45(a)所示；身体随之向左侧倾，将甲方头闪在右肩外侧，然后乙方上体突然向右后转，右肘向甲方头后挎，用右肘弯猛力向前拢挟其后颈，同时用左手掐其喉，可使其昏厥或休克，如图 7-45(b)所示。

动作要领：

(1) 拢挟甲方后颈动作要快，挟颈要狠。

(2) 掐喉部位要准且有力。

解脱法：按上例乙方将要掐喉时，甲方速收颌缩颈，同时放开抱腰双手，用右手抓乙方左掌向外掰拧，左手抓其头发向后拉，即可解脱。

(a)　　　　　　　　　　　　　　　　　(b)

图 7-45

5. 摘瓜扭蒂(霸王摘盔)

动作说明：当甲方从乙方身后用双手抱住后腰时，乙方可如前例将甲方头部拢挟于身体右侧，如图 7-46(a)所示；同时用挟颈之右手反扣于甲方头右后侧，左手托握其下颌，然后左手向右推其头，右手向左后推扭其颈，可扭伤其颈，如图 7-46(b)所示。

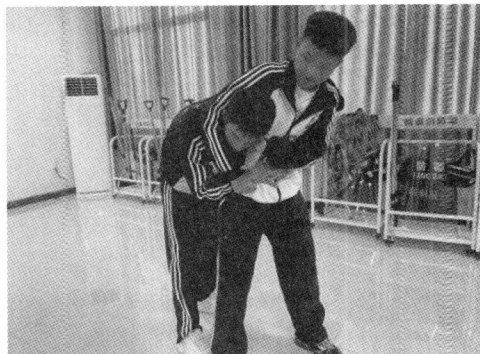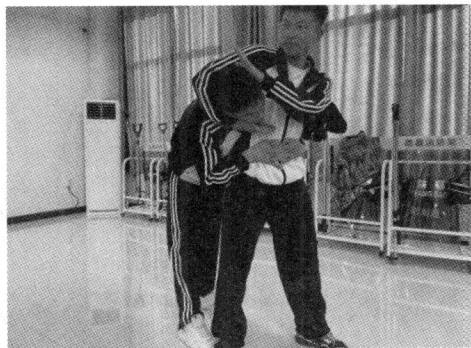

(a)　　　　　　　　　　　　　　　　　(b)

图 7-46

动作要领：

(1) 摘瓜扭颈动作，两手形如抱球，要用猛疾劲同时向相反方向推扭其头。

(2) 乙方推颈之手指不要握于甲方嘴上，防止乙方用嘴咬其手指。

解脱法：同挟颈掐喉解脱法。

6. 摆肘倒撞头

动作说明：当甲方从乙方身后用双手抱住后腰时，乙方上体可向左前屈，如图 7-47(a)

所示；然后突然向右反转，同时屈右肘猛向后上方倒撞甲方头，可使其头晕目眩，如图7-47(b)所示。

 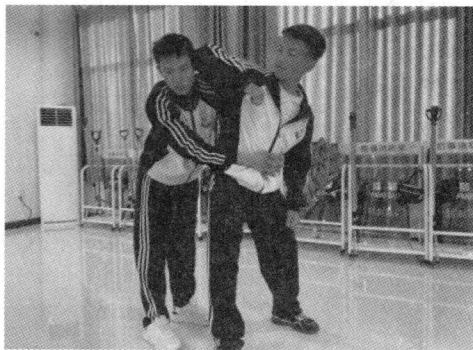

(a)　　　　　　　　　　　　　　　(b)

图 7-47

动作要领：

(1) 为提高撞头效果，乙方可用假动作身体向左转，用右拳从自己头左侧向后虚击甲方头部，迫使甲方头向右躲闪，这样就给回摆右肘倒撞甲方头部创造有利条件。

(2) 撞头时要尽量缩右肩，以便用右肘尖撞头。

解脱法：按上例乙方将要撞甲方头部时，甲方可放开抱腰之双手，同时向左跨步屈体，顺势提右膝撞腰解脱之。

7. 脱肩背摔

动作说明：当甲方从乙方身后抱住双臂和腰时，乙方迅速用左手抓住甲方右腕，用右肘向上托其右臂，将甲方右上臂滑托至右肩上，如图7-48(a)所示；然后用右手抱住甲方上臂，身体猛向左前方屈转，将甲方背摔于地，如图7-48(b)所示。

(a)　　　　　　　　　　　　　　　(b)

图 7-48

动作要领：

(1) 背摔时，乙方右肩尽量扛甲方于腋下，双手用力向前下拉甲方右臂，同时右肩向上扛，猛向前下背摔。

(2) 对于身材高大的对手，不适用此种背摔法，可采用向右跨步绊摔方法。

解脱法：按上例甲方被乙方拿住时，甲方可用抱腰之左手向上掐喉解脱之。

8. 抓裆

动作说明：当甲方从乙方身后抱住双臂和腰时，乙方可向左跨步摆臀，上体向右微屈，同时用右手向后插入甲方裆下，用力向上抓裆，其必剧痛从而失去抵抗能力。

动作要领：

(1) 抓裆时，如甲方抱臂过紧，乙方可在向右屈体的同时，向前转右胯，使右臂滑至臀后抓裆。

(2) 抓裆主要是抓睾丸，抓扣动作要狠。

解脱法：

按上例当乙方企图抓裆时，甲方可屈膝向后缩臀，同时放开抱腰之双手，即可解脱。

9. 折指

动作说明：当甲方从乙方身后抱住双臂和腰时，如其左手扣抱其右腕上时，乙方可用右手拇指撬起甲方食指或其他任何一指，同时用右手虎口从其指下叉抵指根，再屈食指、中指和拇指勾锁于其指上，用力反折，即可折伤。

动作要领：

(1) 锁指时，乙方之虎口要紧顶其指根，食指、中指和拇指要向回勾其指根上部，虎口要向前顶其指中节下部。

(2) 为防止其指抽脱，乙方可用左手抓住甲方左腕。

解脱法：按上例甲方被乙方拿住后，甲方左手被锁之指可向外旋，并向乙方拇指上转屈，以缓解折指危机，同时用右手拇指扣掐其右手虎口麻痛穴，即可解脱。

第五节 反拿抓发、辫

一、反拿前抓发、辫

1. 顶掌切腕

动作说明：当甲方用左手从前面抓住乙方头顶头发时，乙方迅速用右手扣抓甲方左手背，用掌根紧顶甲方外腕(图 7-49(a)所示)；同时用左手由头上扣抓自己右腕，帮助右手扣紧(图 7-49(b)所示)；然后左脚向左斜后方撤一步，同时头手猛向左下方切其腕，其腕可折伤，如图 7-49(c)所示。

动作要领：

(1) 切腕时，乙方之双手必须扣紧，不给对方抓手留有松动余地，以免损伤头发。

(2) 切腕部位要准，乙方之右掌根必须紧顶于甲方左掌外腕关节处。

解脱法：按上例甲方被乙方拿住时，可趁乙方未发劲以前，迅速向回顿拉抓发之手，顺势上右步，用右手握住自己的左腕，同时用右肘顶乙方前胸，即可解脱。

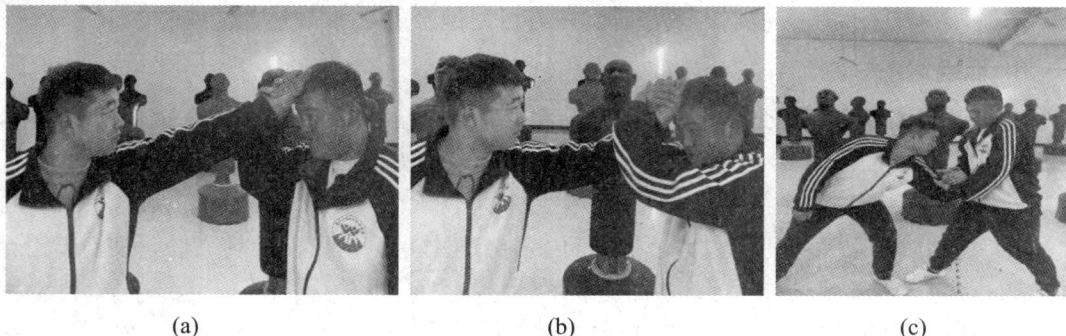

| (a) | (b) | (c) |

图 7-49

2. 顶掌撞肘

动作说明：当甲方从前面用左手抓住乙方头顶发、辫时，乙方可同前例用两手扣住甲方之抓手(图 7-50(a))；随即向前上右步，身体猛向左转(图 7-50(b))；同时用右肘向左上方托撞其肘，可折伤其肘(图 7-50(c))。

| (a) | (b) | (c) |

图 7-50

动作要领：

(1) 撞肘时，乙方之上体稍向前倾，右肘尖向下，然后用腰轴转环劲向左上方送肩、突肘，力达肘尖。

(2) 如甲方抓发之左肘弯屈，可先用右肘向上托直，再用猛劲冲撞。

解脱法：按上例乙方将要撞肘时，甲方可向前上右步，身体随之向左转，同时向左上方屈左肘，并向前冲右拳击其胸部解脱之。

3. 锁掌卷腕

动作说明：当甲方从前面用左手抓住乙方头侧发、辫时，乙方迅速用右手扣抓甲方左手背，用左手由其腕下扣握自己的右前臂，如图 7-51(a)所示；然后右手用力向下压甲方手背，左前臂向上托其腕，如图 7-51(b)所示；同时左脚向后撤一步，身体随之向左转，两手用力扭折其腕，如图 7-51(c)所示。

(a)　　　　　　　　　　(b)　　　　　　　　　　(c)

图 7-51

动作要领：

(1) 卷腕时，乙方之右手和左臂要同时托压，使其腕下屈。

(2) 向左转体时，右肘要向下屈，以便用左腕内侧勾折其腕。

解脱法：按上例甲方被乙方拿住后，趁乙方向下卷腕之机，速向左屈肘、缩肩、上右步，同时用右拳击其腹部，即可解脱。

4. 锁掌折腕

动作说明：当甲方从前面用左手抓住乙方头右侧发、辫时，乙方可用左手抓住甲方左腕，用右手从甲方左手下向外反握自己左腕，如图 7-52(a)所示；然后上右步，左手用力下压甲方左腕，同时用右前臂向上托甲方左手，如图 7-52(b)所示；随即用右肘向前反压其左肘，可折伤甲方手腕，如图 7-52(c)所示。

(a)　　　　　　　　　　(b)　　　　　　　　　　(c)

图 7-52

动作要领：

(1) 折腕时，乙方之双手要挟紧其左腕，同时向左拧，使其外腕反向上，以便向下折压。

(2) 折腕动作要用猛劲向下猛压。

解脱法：按上例在乙方将要折腕时，可放开抓发、辫之手，同时向下屈左肘，猛向回顿拉，即可解脱。

5. 抱腕肩撞肘

动作说明：当甲方用左手由乙方左头侧抓住发、辫时(图 7-53(a))；乙方迅速用双手抱抓甲方手腕，并紧扣于自己前胸，如图 7-53(b)所示；乙方随即上右步，同时身体猛向左转，用右肩撞其肘，其肘可折伤，如图 7-53(c)所示。

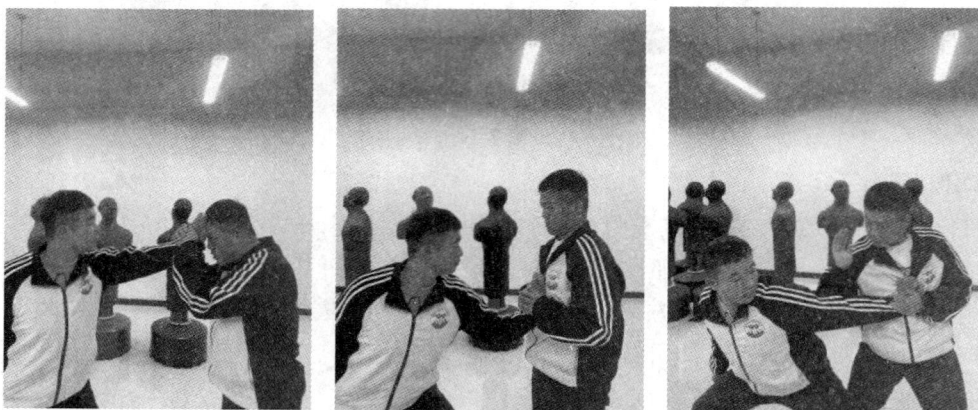

(a) 　　　　　　　　(b) 　　　　　　　　(c)

图 7-53

动作要领：

(1) 抱腕时，乙方之双手要向左拧其腕，务必使甲方肘尖反向上，才有利于撞肘。

(2) 抱抓甲方手腕要用力向前抱紧，以免撞肘时牵动头发。

解脱法：按上例甲方被乙方拿住后，可趁乙方未发劲时，右脚向前上一步，同时屈左肘，用右拳击其腹部，即可解脱。

二、反拿后抓发、辫

1. 顶掌扭腕

动作说明：当甲方用左手从乙方身后抓住头顶发、辫时，乙方可用右手抓住甲方之抓手，并用掌根紧顶于腕关节处，如图 7-53(a)所示；同时用左手扣按自己的右腕，双手用力扣紧，如图 7-54(b)所示；然后右脚向后撤半步，随之身体、头、手同时猛向右转，其腕可折伤，如图 7-54(c)所示。

动作要领：

(1) 乙方之双手要扣紧甲方之抓手，同时要首先屈膝、向后撤右步稳定身体重心，随即上体虚向前倾拉直其臂，便于扭腕。

(2) 做扭腕动作时，腰、手、头要同时向右转动。

解脱法：按上例甲方可在乙方未发劲之前，向后顿拉其发、辫，左脚向左跨一步，上体向左倾，同时提右膝顶撞乙方后腰，即可解脱。

(a)　　　　　　　　　(b)　　　　　　　　　(c)

图 7-54

2. 扣掌倒撞肘

动作说明：当甲方用右手从乙方颈后抓住发、辫时，乙方迅速用双手向颈后抓住甲方之右手腕并用力贴紧后颈，如图 7-55(a)所示；然后身体猛向右后转，用右上臂倒撞其肘，其肘可折伤，如图 7-55(b)所示。

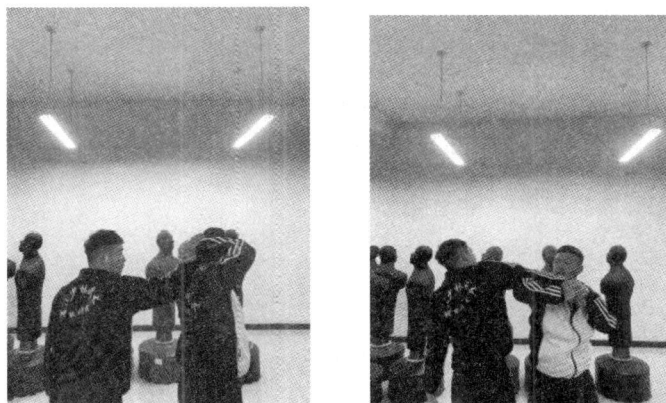

(a)　　　　　　　　　(b)

图 7-55

动作要领：

(1) 抓腕要有力，撤步转身动作要快，撞肘要狠。

(2) 撞肘时，为防止其屈肘，可先向左前拉直其臂，然后再转体撞肘。

解脱法：按上例甲方被乙方拿住后，甲方可向前上左步，同时向右下屈肘，再用左拳击打其腰部，即可解脱。

3. 转身扣腕撞肘

动作说明：当甲方用右手从乙方背后抓住发、辫时(图 7-56(a))，乙方右脚可向后撤一步，随之向右后转体，并用右手向左反扣抓其右上腕，左手由甲方之腕下向上扣于自己右手背，如图 7-56(b)所示；双手将甲方手腕紧抱于胸前，随之左脚向前上一步，身体猛向右转，以左肩撞其肘，其肘可折伤，如图 7-56(c)所示。

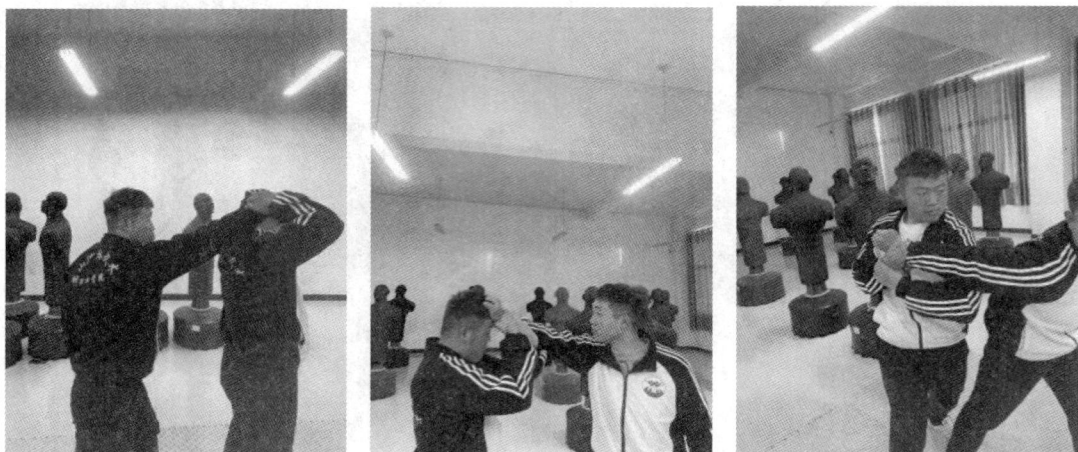

(a)   (b)   (c)

图 7-56

动作要领：

(1) 当甲方从背后抓住乙方的发、辫，乙方向后转身时，必须坠右肩从甲方之抓手下转向后面，才能用右手抓其腕。

(2) 撤步、转身、抓腕动作要迅速且连贯，才能收到撞肘的效果。

解脱法：按上例甲方被乙方拿住右腕后，可速缩右肩屈肘，身体向右转，同时用左拳击其打腹部解脱之。

第八章 擒拿解脱技术

　　擒拿解脱技术是甲方在没有任何防备的情况下，突然受到乙方实施的抓、拧、搂、抱或威逼等攻击，而甲方使用力学技巧和踢、打、拿、摔等技巧，利用乙方避实击虚，快速解脱控制并对其实施反控制的方法。擒拿解脱技术是警察制暴术的重要组成部分，在警察执法实践中有着重要的意义和作用。

　　擒拿解脱技术分为两种解脱法：一种为一般的解脱控制法，常用于受到纠缠和手脚被控制时的解脱，这种解脱术的主要特点在于利用力学原理和人体骨骼结构，在解脱的基础上对人体局部关节以抓、折、按、撅、拧等反擒拿技术进行控制；另一种为快速解脱控制法，常用于受到勒脖、抱腰及被刀具威胁时的快速解脱，这种解脱法的主要特点是利用人体的生理弱点，对乙方进行全方位的多点攻击，转移乙方的注意力进行解脱。解脱时的攻击动作要迅猛、有力、连贯、节奏感强，辅之以摔、打、擒、拿、折等技术进行关节控制。

第一节　由前被控制的解脱控制技术

一、对付抓腕解脱的控制方法(一)

1. 动作说明

　　(1) 当乙方以左手抓握甲方右手腕，右拳猛击甲方头部(图 8-1(a))时。甲方身体迅速向左转体，左手抬肘，低头收下颚，迅速以左手推击乙方脸部，尽可能使其产生眩晕感并瞬间丧失反抗与抵御的能力(图 8-1(b))。

(a)

(b)

图 8-1

(2) 左手迅速回收抓握乙方的左手腕并顺时针拧转其手腕，身体快速向右侧移动，同时左手用力外旋，从其大拇指侧解脱(图 8-2)。

(3) 右手继续抓握乙方手腕向顺时针方向拧转，左手解脱后顺时针以手腕外侧向上磕挑乙方左手肘关节，使其肘关节的活动幅度超越临界点，致使乙方倒地(图 8-3)。

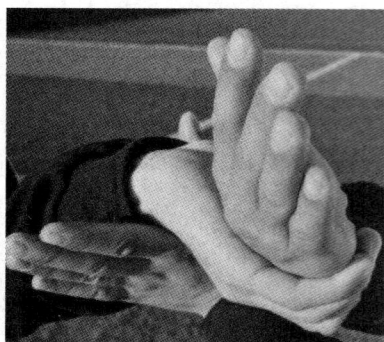

图 8-2　　　　　　　　　　　　　图 8-3

(4) 乙方成仰卧倒地的瞬间，甲方右手向上托住乙方右肘关节并向上翻肘(图 8-4(a))，右脚移至乙方头部右侧，左脚移至乙方身体右侧，双手抓握其右手腕，双腿快速屈膝，重心下沉，依次以臀部、背部、肩部着地(图 8-4(b))。

(a)　　　　　　　　　　　　　　　　(b)

图 8-4

(5) 倒地后，甲方右脚横压于乙方胸部，左腿压住其颈部，两大腿夹紧其右手，臀部上顶，双手抓握其右手腕并下扳，使其肘关节成反关节控制(图 8-5)。

(6) 甲方左手抓其手腕并下压，右手折按其手背，使乙方手腕产生剧痛。控制住其手腕后，甲方迅速仰卧坐起，使其肘关节固定于甲方腹部，双手折其手腕并向甲方腹部折按(图 8-6)。

图 8-5　　　　　　　　　　　　　　　　　图 8-6

2．动作要领

推击有力，抓腕翻拧、解脱、挑肘动作迅猛且连贯，倒地瞬间的控制与固技衔接紧密，上铐时折腕控制有力。

二、对付抓腕解脱的控制方法(二)

1．动作说明

(1) 当乙方以左手抓住甲方的右手腕，右拳猛击打甲方头部时，甲方身体迅速向右转，低头收下颚，右手抬肘护住头部，免受乙方的攻击(图 8-7)。

(2) 甲方头部尽量往乙方脸右侧贴靠，右手抬肘格挡的同时将乙方身体向前推以破坏其重心，右手迅速外旋，使右手从其大拇指侧解脱(图 8-8)。

(3) 右手解脱后，甲方左手经乙方手臂下侧按压其上臂上侧，使乙方的右手肘关节内旋下压，并使其肘关节成反关节控制状态(图 8-9)。

图 8-7　　　　　　　　　图 8-8　　　　　　　　　图 8-9

(4) 右手抓握乙方左手腕迅速下拉，甲方左脚迅速后撤一步，双手合力快速向右下方旋压乙方肩肘关节，使乙方俯卧倒地(图 8-10)。

(5) 乙方倒地后其右手腕外侧置于甲方肩膀，甲方左手上臂顶住其上臂并向其头前侧推按，右手抓握甲方左手腕关节，向甲方体侧按压，使其右手肘关节成反关节被控制(图 8-11)。

图 8-10　　　　　　　　　　　　　　　　图 8-11

(6) 甲方右膝跪压乙方头部，左膝跪压乙方背部，使其右手臂膀夹于甲方大腿间，身体向乙方身体左侧倾压，使其右手肩、肘关节产生疼痛感。

(7) 令乙方右手置于其背部(图 8-12)，若乙方不从，甲方可向其身体右侧倾压，使其肩肘关节产生剧痛感，令其就范。

图 8-12

2. 动作要领

防守严密，推击有力，解脱快，压肘、拉腕动作迅猛有力，倒地时控制肩、肘关节牢固，折腕、跪压动作慢而稳。

三、对付头发被抓的解脱控制方法(一)

1. 动作说明

(1) 当乙方左手抓拉甲方头发，欲以右手攻击甲方脸部时，甲方右手迅速有力扣压其左手臂，左手抬肘护住头部右侧，低头收下颚进行格挡(图 8-13)。

(2) 甲方身体尽量贴靠乙方身体，左手屈肘格挡的同时突然猛力推击乙方面部，使其顿时向后仰身转移其注意力，并破坏其身体重心(图 8-14)。

(3) 甲方左手推击后快速回收抓握乙方手背，双手将其左手牢牢按住，同时左腿踢击其裆部，使其身体之力顷刻松懈(图 8-15)。

图 8-13   图 8-14   图 8-15

(4) 趁乙方身体松懈之际，甲方双手向下折乙方手腕，使其手腕前伸的生理活动幅度减少到最小，并向前引拉其手腕使其倒地。此时乙方腕关节背伸的活动幅度为 5° 左右(图 8-16)。

(5) 乙方倒地瞬间，甲方双手抓握乙方左手背，使其手腕背伸，上臂与地面垂直，令乙方的指关节、腕关节产生剧痛，不能挣脱(图 8-17)。

图 8-16   图 8-17

(6) 甲方右手慢慢托住乙方肘关节，左手向下按折其手指，将乙方小臂经其上臂下侧往其背部推送。

(7) 甲方左膝跪住乙方头部。当甲方左手折乙方手指推送至乙方腰侧时，甲方右手迅速接过并往其背部扳送，随之以右腿跪压乙方的背部(图 8-18)。

图 8-18

2. 动作要领

推击有力，弹踢快，低头折腕迅猛有力，托肘稳，折腕狠，翻身、跪压、折肘动作连贯有序。

四、对付头发被抓的解脱控制方法(二)

1. 动作说明

(1) 当乙方右手抓拉甲方头发，欲以左手攻击甲方头部时，甲方右手扣按其左手背，并迅速贴近乙方身体，左手抬肘护住自己头右侧，低头收下颚，进行格挡(图8-19)。

(2) 右手用力扣按其手背，左手推击乙方脸部，破坏其重心使其身体之力暂时松弛，也可以右脚快速踢击其裆部(图8-20)。

图 8-19

图 8-20

(3) 甲方迅速上左脚，右手扣按其左手于头部并向下压(顶)，左手抓握其肘关节外侧由外向内快速上翻，左脚移至其右脚后侧使其倒地。此时乙方肘关节的外翻幅度为20°左右(图8-21)。

(4) 乙方倒地后，甲方左手向其头右侧推压其肘关节，使乙方小臂与上臂折叠(图8-22)，左脚跪压其左肋部。

图 8-21

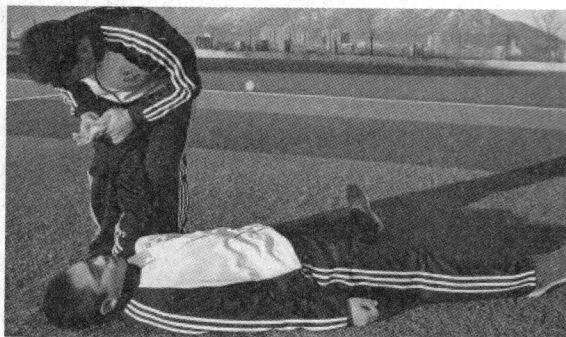

图 8-22

（5）甲方左膝跪压乙方肋骨，左手按压乙方肘部，右手扳折乙方食指与中指。此时乙方的指关节背伸幅度只有 70° 左右。

（6）甲方右脚移至乙方身体右侧，右手托抓乙方肘部，右手向其肘关节方向扳折其手指，双手相向用力，使乙方的指关节产生剧痛，迫其向右翻身。

（7）乙方翻身后，甲方左膝迅速跪压乙方背部，甲方右手扳折其手指，将其右手小臂从其大臂下侧推过，当推至乙方腰侧时，甲方左手迅速接过乙方右手并往其背部推送(图 8-23)。

图 8-23

2. 动作要领

防守严密，推击突然，边防边打，扣腕有力，扳肘迅猛，倒地压肘、跪肋控制稳固，翻身时，折指扳腕、推臂接指动作连贯协调。

五、对付衣领被抓的解脱控制方法(一)

1. 动作说明

（1）当乙方用左手抓住甲方的衣领，欲以右拳攻击甲方脸部时，甲方左手迅速抓握乙方左手手背，身体稍向右转，低头收下颚，抬肘护住自己头部，免遭乙方攻击。

（2）甲方左手屈肘抬臂护住头部，身体重心前移尽量贴近乙方身体，并将乙方往前推，右手牢牢抓握乙方左手手背，突然用右手猛力击打乙方脸部使其后仰。

（3）甲方左手快速回收抓握乙方的左手腕，防止其左手挣脱，左脚踢击乙方裆部，使其身体之力暂时松懈。

（4）乙方裆部被踢击后，身体会产生瞬间的松懈，甲方趁机双手抓住乙方的左手掌，以拇指顶其掌背，左脚后撤一步，向外用力翻拧，按折其手腕并将其掀翻在地。

（5）乙方倒地瞬间，甲方迅速将右脚移至乙方腋下，以胫骨抵住其肘部，身体右转双手抓腕向后按压，使其肘关节成反关节控制。

（6）甲方双手折按乙方手腕，顺着甲方小腿内侧下按，使乙方屈肘，甲方上臂垂直于地面，并用两脚踝关节夹住乙方肘部，向下按折乙方右手腕，使乙方腕关节产生剧痛，控制乙方右臂。

(7) 右手顺时针按拧其手腕，左手慢慢托其右手肘关节，双手相向用力按压，甲方左脚移至乙方身体右侧，令其慢慢向右侧翻身，左手折腕向其背部推送，跪压、折腕控制。

2. 动作要领

推击有力，弹踢快，抓腕准确，翻腕迅猛，倒地时固肘快、稳，托肘、折腕、翻身、跪压动作连贯协调。

六、对付衣领被抓的解脱控制方法(二)

1. 动作说明

(1) 当乙方用左手抓住甲方的衣领，欲以右拳攻击甲方的脸部时，甲方左手迅速抓握乙方左手手背，身体稍向右转，低头收下颚，抬肘护住自己头部，并尽量贴住乙方身体，免遭乙方攻击。

(2) 甲方左手屈肘抬臂护住头部，身体重心前移尽量贴近乙方身体，并将乙方往前推，右手牢牢抓握乙方左手背，突然用右手猛力击打乙方脸部使其后仰。

(3) 乙方脸部被击打后，会产生瞬间的恍惚，甲方右手按牢其左手背，并迅速以左手肘关节砸压乙方右手肘关节，使乙方屈肘。

(4) 左手肘关节向左后回砸其肘部外侧，使其又转身，左手小臂由其腋下绕过抓住其衣领，右手抓握其左手背，将其摔倒。

(5) 乙方倒地后，甲方右脚迅速移至乙方头部右侧，左手上翻抓住其肘关节，甲方将左手抽出，双手抓握乙方手腕。

(6) 甲方迅速将右脚移至乙方头部右侧，双手将其右臂拉直，甲方屈膝，身体重心下沉，依次以臀部、背部、肩膀着地。

(7) 甲方倒地后，甲方右脚横压于乙方胸部，左腿放在乙方颈部上，两大腿夹紧其右手，臀部上顶，双手抓握其右手腕并下压，使其肘关节成反关节控制状态。

(8) 折乙方右手腕，迅速仰卧坐起，将乙方控制。

2. 动作要领

防守严密，推击突然且有力，砸肘迅猛，绕臂有力，抓腕、倒地、控肘动作快速连贯，折腕、上铐控制稳固。

第二节　由背面控制的解脱方法

一、双臂被圈抱的解脱方法(一)

1. 动作要领

(1) 当乙方从甲方身后慢慢接近，突然从甲方身后将甲方双臂紧紧抱住，欲将甲方摔倒在地时，甲方身体重心迅速下沉、身体前倾。

(2) 甲方身体重心迅速向右下方下沉，臀部向右侧挪开，左手猛力拍打乙方裆部，转移其注意力。

(3) 甲方双臂向斜上方用力抬起，左脚迅速移至乙方右脚后侧挣脱乙方双手的控制，此时乙方双手势必顺势夹住甲方的头顶部。

(4) 当甲方左脚撤至乙方右脚后侧时，顺势以右手猛击乙方裆部，乙方由于裆部受击，身体会出现暂时的松懈。

(5) 趁乙方屈身之际，甲方左手经其背后按住其肩部，右手抓握乙方左手腕，右脚后背步，同时双手合力向右下旋压使乙方俯卧倒地。

(6) 乙方倒地瞬间，甲方双膝跪地，身体前倾，右手抓握乙方的左手腕，向甲方胸部方向按压乙方肘关节，使其肘关节成反关节控制。

(7) 甲方双手继续用力按压其肘关节，慢慢跪起，身体顶住其手臂内侧并向其头左侧方向按其手臂。以右、左膝盖分别跪压乙方颈部、背部，将乙方控制。

2. 动作要领

重心下沉，双臂上抬动作要突然快速，右脚后撤、击打裆部动作要连贯，压臂、控肩动作须迅猛有力，跪压折臂控制稳固。

二、双臂被圈抱的解脱方法(二)

1. 动作说明

(1) 当乙方从甲方身后慢慢接近，突然从甲方身后用双臂将甲方紧紧抱住，欲将甲方摔倒在地时，甲方左手迅速拍打乙方裆部，转移乙方的注意力。

(2) 甲方迅速将身体重心向右下方下沉，同时双臂向斜上方用力抬起，挣脱其双手的控制，左脚迅速后撤至乙方身后，右手猛击乙方的裆部。

(3) 乙方身体裆部被击打后，双手背定会松开，当甲方挣脱乙方的双臂控制后，身体重心迅速上移，以右手掌根击打乙方右脸颊。

(4) 甲方快速左转体，将右脚移至乙方右脚后侧，左手抓住乙方右手臂，右手以腰为轴横向击打其头颈前部，将乙方摔倒，成仰卧倒地状。

(5) 乙方倒地瞬间，甲方迅速下跪，右手击打其面部，左手抓握乙方右手腕，将其肘关节成反关节控制于甲方大腿上侧，并用右手掌按住乙方脸部。

(6) 右手按住乙方肘窝，使其屈肘顶于甲方大腿上侧，右手按折其手背使其腕关节产生剧痛，然后左手慢慢托住乙方肘关节，双手相向用力迫使乙方翻身。

(7) 左手向左侧推其肘关节，右手按折乙方手腕，身体从乙方头前侧绕过，迫使其向左侧翻身。乙方翻身后，甲方先以右膝盖跪压其头部，将其双手向其背部推送。

2. 动作要领

拍裆、重心下沉、抬臂解脱动作快速连贯；后侧拍裆动作快速迅捷，转体、切别动作迅猛有力；折腕翻身、跪压动作环环相扣、协调一致。

三、腰部被圈抱的解脱方法(一)

1. 动作说明

(1) 当乙方突然从甲方后方抱住甲方的腰部,欲将甲方摔倒时,甲方身体重心迅速下沉,防止被其摔倒。甲方可用右脚蹬踩乙方的脚背转移其注意力。

(2) 当甲方用右脚跟蹬踩乙方脚背部时,右手握拳以第二与第三指节关节猛力敲击乙方手背,致使乙方左手松开,甲方右手迅速扳折乙方的大拇指指关节。

(3) 甲方的右手食指与拇指成环形,扣住乙方大拇指指关节近侧端向乙方的手腕方向扳折,犹如酒启子开酒瓶。

(4) 甲方迅速左转身,右手食指和拇指按折乙方大拇指,左手虎口朝上抓握乙方手腕上提,向后引拉其大拇指,使其大拇指的后动幅度超越其临界点,此时其大拇指关节的活动幅度为90°左右。

(5) 乙方倒地后,甲方双手继续控制乙方的大拇指,将其右手臂拉直,使乙方产生剧烈的疼痛感,令其不能随意翻动、挣脱。

(6) 左手抓握乙方的手背,以其肘关节为支点使其屈肘,并使其小臂与地面垂直,同时按折乙方手腕使其腕关节产生剧痛。

(7) 甲方先以右手托住乙方肘关节,左手折按其手腕,双手相向用力控制其左臂,并迅速以左膝盖跪压乙方头部,右手抓腕从乙方上臂下侧经过向乙方背部推送。

2. 动作要领

蹬脚突然、有力;转弯、折指、转身、拉臂动作连贯、迅猛;托肘、折腕、推臂、转体跪压动作协调。

四、腰部被圈抱的解脱方法(二)

1. 动作说明

(1) 当乙方突然从甲方后方抱住甲方的腰部,欲将甲方摔倒时,甲方身体重心迅速下沉,右手肘关节向乙方头部磕击,将乙方的注意力引开。

(2) 甲方右手握拳,以第二指节与第三指节的连接关节猛力敲击乙方手背,使乙方产生剧烈疼痛而松手。

(3) 甲方趁乙方松手之际,迅速以右手抓握乙方左手腕,左手由其肘关节内侧穿过抓握甲方右手腕,身体迅速左转。

(4) 左转体同时右手向其背部推送,左肘下压其肘关节使其屈肘,双手合力下压,使乙方俯卧倒地。

(5) 乙方倒地瞬间甲方亦随之倒地,控制手型保持不变,以身体压住乙方肘关节,身体重心前移,左手抓其手腕往其背部推送,使乙方肩、肘关节产生剧痛。

(6) 甲方身体慢慢移至乙方身体左侧,双膝跪地,身体重心前移,以胸部顶住乙方肘关节,右手向其头部方向推,甲方左肘压住乙方肩背部。

(7) 先以右手折按乙方左手腕并慢慢托住乙方肘关节，双手相向用力，然后先以左膝跪压乙方头部，后用右膝跪压乙方的背部并将其控制。

2. 动作要领

蹬脚、敲击手背用力短促且有力，抓腕、穿臂动作准确，转体、折腕折肘、压臂动作迅猛有力，倒地时的控制严密。

五、颈部被锁的解脱方法(一)

1. 动作说明

(1) 当乙方在甲方身后以右手勒住甲方颈部欲将甲方摔倒时，甲方迅速将身体前倾重心下沉，并用手抓住乙方右手腕向前扳，防止被乙方摔倒。

(2) 甲方身体以腰为轴右转，右肘顺势磕打乙方右肘部，磕打速度快、力量大。务求第一次击打就使乙方全身之力松懈。

(3) 甲方左手抓乙方的右臂，右手别住乙方的大腿外侧，右脚后背身体以腰为轴快速向左后方转体，将乙方摔倒在地。

(4) 乙方倒地瞬间，甲方右手击打乙方脸部，左脚迅速下跪，使其左手置于甲方大腿上侧反关节控制，右膝盖跪压乙方右侧肋骨，右手按其脸部防止其翻动解脱。

(5) 甲方以右膝盖跪压乙方的右肋部，双手按压乙方手腕使其肘关节成反关节状控制于甲方左大腿内侧，左手折其手腕，并以其肘关节为支点先使其屈肘。

(6) 乙方屈肘后，甲方左手托住其肘部，右手按折其手腕，双手相向用力，使其肘关节产生剧痛，准备翻身。

(7) 甲方慢慢屈身站立，身体慢慢由右向左移动，左手托肘向左侧推按，右手折腕向右侧按压，身体从其头前绕过，使乙方翻身伏地。

(8) 乙方安全翻身后，甲方左脚屈膝右脚伸直，将臀部坐压乙方头部，并以膝关节内侧顶住乙方右手肘关节。

2. 动作要领

转体磕肋动作快速有力，拉臀、别腿、转体动作连贯有力。

六、颈部被锁的解脱方法(二)

1. 动作说明

(1) 当乙方在甲方身后以右手勒住甲方颈部时，甲方迅速将身体前倾，并用左手抓其右手腕向外扳，防止被其摔倒。

(2) 左手向外扳其右手手臂，右手用力磕打乙方右侧肋骨，务求第一次击打就使其身体之力松懈，夹颈的右手能松开。

(3) 乙方右肋部被击打后身体势必左转，右手抓握乙方右手腕，身体以腰为轴迅速做转体，以左手肘关节磕打乙方心窝。

(4) 左手掌根顺势拍击乙方裆部，使其全身之力松懈，必要时也可以用肘关节上挑其下颌。

(5) 甲方右手抓握其手腕迅速上举，身体下潜，左手拉住乙方的肘关节并将其肘关节固定于甲方前胸，右手折其手腕。

(6) 收腹、含胸。甲方右手臂夹住乙方上臂，使其肘关节牢牢地控制于甲方前胸，防止其挣脱，双手用力按折乙方右手手腕，慢慢令其跪下，成俯卧式倒地。

2. 动作要领

磕肋、击打心窝、拍打裆部动作快速连贯，击打之力短促、有力，举臂、下潜、拉肘、折腕动作也应连贯顺畅。

七、倒地被控制的解脱方法(一)

1. 动作说明

(1) 乙方趁甲方不注意之际，从甲方身体前侧下蹲，双手抱住甲方膝盖将甲方摔倒在地。

(2) 在甲方倒地瞬间，乙方猛扑上来，甲方尽可能不让乙方坐压甲方身体上侧，臀部上顶，用双脚夹住其腰部，乙方右手击打甲方头部，甲方左手屈臂防守。

(3) 甲方在右手格挡的同时迅速用左手搭住乙方颈部，并用力向甲方头右侧拉，使其头贴住甲方头右侧地面，甲方右手抓住乙方右手手腕向右上方推。

(4) 甲方身体向右上侧屈身，右手抓握乙方左手腕，左手由乙方手臂后侧插入，经其手臂内侧抓握甲方右手手腕，两腿始终夹住乙方腰部。

(5) 右手向乙方背部上侧推腕，左手按压其左手臂，身体向左侧翻身，使其肩关节产生剧痛，同时双腿夹住乙方左腿使其不能翻动挣脱。

(6) 甲方身体快速向左侧翻身，双手交叉按住左手向其背部上侧推按，两膝盖向左侧移动，两肘部按压乙方肩、背部，使其不能任意翻动。

(7) 甲方两膝盖抵住乙方身体左侧，右手从其背部推按其手腕，使其肩关节产生剧痛，并以胸部顶住其肘关节，依次将左、右膝盖跪压在乙方的颈部和背部。

2. 动作要领

提臀、夹腰控制牢固，头部防守严密，拉颈动作迅猛有力，提腕、压肘动作快速突然、迅捷有力。

八、倒地被控制的解脱方法(二)

1. 动作说明

(1) 趁甲方不注意之际，乙方从甲方身体前侧下蹲、双手抱住甲方膝盖将甲方摔倒在地。

(2) 在甲方倒地瞬间，乙方猛扑上来攻击甲方头部。甲方尽可能不让乙方坐压在甲方身体上侧，臀部上顶，用双脚夹住其腰部，双手成交叉状护住自己的脸部，免受其攻击。

（3）甲方两大腿将乙方腰部夹紧并向外蹬推，以减少乙方左右(右手)攻击甲方头部的力量，同时甲方双手成交叉状向上推击，挡住其左拳的攻击。

（4）甲方左右格挡，瞬间按住乙方左手腕向右上侧推，右手抓握乙方右手掌内侧向外扳，以减轻其对甲方颈部的控制之力。

（5）甲方突然用右手搭住乙方后迅速向下拉，两脚迅速屈腿夹住乙方的颈部，甲方左腿踝关节压于右小腿踝关节上侧，收腹屈膝，双腿将其颈部夹紧。

（6）甲方双腿夹住乙方颈部向左侧用力，将其翻倒，加强双腿夹颈之力，左手折按其手腕，使其肘关节控制于甲方左大腿内侧。

（7）甲方右手按折乙方左手腕，使其腕关节产生剧痛，令其将右手伸直，将其上铐。若乙方不从，甲方可加强对其左手折腕控制，使其就范。

2. 动作要领

提臀快，夹腰紧，头部交叉防守严密，屈膝交叉夹颈动作突然、快速、有力。

▼第九章　三十六式擒拿套路◀

擒拿技术是以抓、拧、折、扳、切、点、挫、拉等手法，依据关节筋膜韧度、限度和骨关节逆反原理，通过制敌关节、要害部位及相关穴位，进而控制敌人全身，使其失去反抗能力，达到制服目的。常配合其他技击方法对敌人进行反侧关节、分筋挫骨，使之失去反抗能力而就擒，如踢裆撇臂、挎拦、携腕、小缠、大缠、端灯、牵羊、盘腿、卷腕、断臂，等等。实用擒拿技术在掌握人体各部位、各环节的基本擒拿手法与技法的同时，还应学会各个基本技术的相互融合与变化，结合踢、打、摔及点穴，形成真正的实用擒拿技术。所以学习实用擒拿技术不仅要掌握单个技术，更重要的是能够把所有的单个技术相互融合、转换和发展，形成套路。对一些简单实用招式进行整编形成套路共三十六式，本章将对这三十六式擒拿套路进行详细讲解，并对动作进行分解演练，同时对每一式的每一个动作都配以清晰的演练图片，使每一式都更加清晰明了，更利于学习并掌握。

第一节　三十六式擒拿法动作名称及看图须知

前：甲、乙双方立正预备势、开势；中间：三十六式；后：收势。

一、三十六式擒拿法动作名称

(1) 冲拳擒腕；

(2) 小金丝缠腕；

(3) 大金丝缠腕；

(4) 提臂拿；

(5) 左右卷臂拿；

(6) 拿腕切颈法；

(7) 退步拿指法；

(8) 拿腕法；

(9) 对翻身；

(10) 白马卷蹄；

(11) 怀中锁拿；

(12) 点眉心法；

(13) 左右展拿法;

(14) 提肘按头法;

(15) 转身肩靠法;

(16) 拧拿麻筋法;

(17) 转身拧拿脉;

(18) 小腿麻筋法;

(19) 提臂点拿法;

(20) 反拿掌背法;

(21) 锁腿点脊法;

(22) 退步点笑穴;

(23) 仰身拿脉穴;

(24) 头抵肩胛穴;

(25) 左臂挺滚法;

(26) 臂拿肩井法;

(27) 托肘麻筋法;

(28) 封喉点腮法;

(29) 夹脖扳头法;

(30) 掰掌踹腿法;

(31) 拿腕法;

(32) 反拿腕法;

(33) 压鼻法;

(34) 反拿手掌法;

(35) 挺滚法;

(36) 臂法。

二、看图须知

(1) 穿深色练功服者为甲方,穿浅色练功服者为乙方。

(2) 插图面对方向,前方为南、右方为西、左方为东、背后为北。凡有正面图示不易看清者,则需另加侧面附图。

第二节　三十六式擒拿动作说明及要领

一、前

1. 甲、乙双方立正预备式

(1) 动作说明:甲方面向南,乙方面向北,两人侧面相对站立,中间距离约 4～6 步,立正做好预备式(图9-1)。

图 9-1

(2) 动作要领：头须端正，下颌内收，挺胸，直腰，沉肩，两肘自然微屈，并向身前微微牵引，神情安静，内虑全消，气沉丹田，全神贯注，做好准备。

2. 开势

1) 动作说明

(1) 甲、乙双方左转身。甲、乙双方同时左脚尖外撇，右脚跟外展，身体向左转90°，目视对方，如图9-2所示。

(2) 甲、乙双方同时弓步双推掌。甲、乙双方同时左腿均向后撤一步成右弓步，同时两掌由两侧向胸前交叉前举做十字双推掌动作，肘微屈，掌指均朝上，小指一侧均朝前，目视对方(图9-3)。

(3) 甲、乙双方提膝双勾手。甲、乙双方同时身体重心前移，将左膝提起，脚尖下垂，小腿内扣，右腿微屈，成独立势。同时双掌向前，五指撮拢变为勾手，经两腿外侧向身后反臂斜下举，勾尖朝上，目视前方。

(4) 甲、乙双方并步双勾手。承上势，甲、乙双方同时以左脚先向前落地，接着向前方上一步，脚尖外撇，然后身体向右转90°，左脚向右脚内侧并步靠拢，成立正姿势，手形仍为勾手在身后不变。此时甲方面朝正南，乙方背面朝南，双方均目视前方(图9-4)。

图 9-2　　　　　　　　　　图 9-3　　　　　　　　　　图 9-4

(5) 甲、乙双方双摆掌。承上势，甲、乙双方同时勾手，经两腿侧绕向身前，变为双掌，一齐由下向右、向上、向左下绕环至与肩平，掌指朝上，掌口向左，左臂伸直，右臂屈，右掌位于左肩前，掌心朝后，目视左掌。

(6) 甲、乙双方虚步架掌。承上势，甲、乙双方同时向左转体 90°，右脚向后撤一步成左虚步，同时右掌前伸，与左手两腕交叉，右掌在上，左掌在下，两掌稍下沉，手指高与胸齐，目视双掌。

(7) 甲、乙双方双绞腕。承上势，双方步型不变，两掌以腕关节为轴，右掌向上、向右、向下、向左；左掌向下、向左、向上、向右绞一腕花，目视双掌。

(8) 甲、乙双方虚步勾手亮掌。承上势，甲、乙双方双掌同时向下，向左右两侧绕环分开，左掌变勾手，绕至左侧，与肩同高，勾尖朝下，同时右掌绕至头顶右前上方，掌心朝前，拇指一侧朝下，目视对方(图 9-5)。

2) 动作要领

图 9-5

甲、乙双方必须配合，要同时进行，动作一致。

(1) 左转身时，左脚应以脚跟为轴，左脚尖向外撤，右脚以前脚掌为轴，使脚跟外撤，这样转身后为左脚在前，右脚在后，重心在两腿之间。

(2) 左脚稍偏左落步，用力后撑，左脚尖向左前方斜45°，与右脚不在一条直线上，身体重心在右腿。右腿前弓时，膝与脚尖垂直，脚尖正对前方，推掌时两手腕必须紧贴在一起。

(3) 提膝勾手时，五指一定要聚合在一起，形成钩尖，支撑之腿微屈，以稳固身体重心，左小腿内扣，膝尽量上抬，如寒鸡独步一般。

(4) 形成并步勾手前，左腿落地，与言面右脚上步转体、左脚并步动作必须一气呵成，不可停顿。

(5) 双手绕环摆掌时，应以肩为轴，两臂绕环时，目随手转，待绕至左侧定势时，目视左手。

(6) 虚步架掌时，右掌前穿至左手腕上面，两腕应贴紧，屈腕两掌上翘 90°。

(7) 绞腕时，两手腕贴紧不可分开。

(8) 勾手亮掌时，虚步不变，仍以右腿支撑身体重心。

以上每一动作手法，不求做快，但必须做到位。凡虚步，身体重心必须全部落在后腿，前面腿以前脚掌虚点地面，膝微屈并里扣，脚跟稍抬起，不可用力。

二、中间：三十六式

1. 冲拳擒腕

1) 动作说明

(1) 承上势，甲、乙双方同时将右掌从头前上方向右、向下，左勾手变掌向下，与右掌同时变为双抱拳，拳心向上，拳面朝前，虚步不变，目视对方(图9-6)。

(2) 甲方左脚向前半步，重心前移，成右弓步。同时右臂内旋，使拳眼朝上，向乙方胸前冲击，左拳变掌向下、向左、向上弧形绕环，架至头左前上方。拇指一侧朝下，掌心朝前，掌指朝右。乙方速将左腿也向前上半步，身体重心前移，成左弓步，同时右拳变掌，手臂内旋，向前将甲方手腕拿住，用手指紧扣甲方侧桡骨远侧外端。左拳变掌向左、向上绕至头前左上方，拇指一侧朝下，掌心朝左，掌指向前(图9-7)。

图 9-6　　　　　　　　　　　　　　　　图 9-7

2) 动作要领

(1) 甲、乙双方需要配合好，乙方见甲方右拳至，遂上步出掌拿住其手腕，切不可抢在甲方冲拳动作之前先出手。

(2) 弓步必须到位，后撑之腿必须有力。

(3) 用力应掌握尺度，不要太重，注意对方安全，要考虑双方是在习练，待久练功成，对付歹徒时方可施重手法。

2. 小金丝缠腕

1) 动作说明

承上势，当甲方被乙方用右手擒腕时，甲方用左手将乙方右手背扣住。同时，甲方右手掌向左、向上、向右翻在乙方之右手上，将乙方右手带至怀内，右脚尖外展，下蹲成左仆步，用力向下拿压乙方右手，目视对方。此时，乙方右脚向前，在甲方左腿前落步，右脚跟进成右仆步，左掌伸于左侧，约与肩同高，目视右手(图9-8)。

图 9-8

2) 动作要领

(1) 仆步时一腿全蹲，另一腿伸直，脚尖内扣。

(2) 在对练中，应注意不伤害对方。

3. 大金丝缠腕

1) 动作说明

承上势，乙方顺着甲方动作，身体直起，右脚尖外展，重心移至右腿成右斜弓步，用左手反扣在甲方左手背上，并用右肘反压甲方之左前臂，此为反拿法，目视右肘(图 9-9)。

图 9-9

2) 动作要领

应紧接上一势动作进行，当乙方变成斜弓步时，右前臂一定要紧贴着甲方左前臂上面往下压，不可有空隙，而使对方滑脱。

4. 提臂拿

1) 动作说明

承上势，当乙方用大金丝缠腕法时，甲方左脚收回半步，身体直起，左脚虚点地面，随用左肘反压乙方右肘，右手拿住乙方之右手指向上提拿，左手仍搭住乙方右手背上，目视右手。此时，乙方身体稍起，身体亘心偏向左腿，成右仆步，左臂抽出，自然摆向身体左侧，目视右肘(图 9-10)。

图 9-10

2) 动作要领

当甲方起身将乙方右臂上提时，乙方应随势放松手臂，切莫与其对抗，否则会妨碍对练动作的进行。

5. 左右卷臂拿

1) 动作说明

承上势，当甲方使用提臂拿法时，乙方右脚尖外展随势站起，重心右移，成右弓步，用左手拿住甲方左手，用右手拿住甲方右手，并将甲方两臂左上右下交叉缠卷，目视对方(图9-11)。

2) 动作要领

缠卷时，乙方要用力抓握住对方双手，右手向上抬，左手向下压，同时也向两侧用力。

6. 拿腕切颈法

1) 动作说明

甲方以左前脚掌为轴自乙方右侧向右转体180°，右腿撤步，面向西成左弓步。同时，用右手拿住乙方左手指，向身内缠拿，左臂向左方伸挺，掌心朝上横切颈部，目视对方。乙方在甲方转体掌腕时随势左腿向前上一大步，以右前脚掌为轴向右转体 180°，面向正东方向，右臂松开自然下垂(图9-12)。

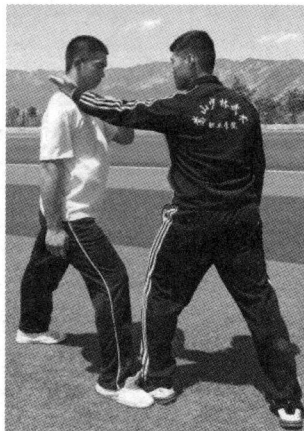

图 9-11　　　　　　　　　　　图 9-12

2) 动作要领

甲方转身时，右手从乙方右手中猛力挣脱反拿住乙方左手背，转身后左掌切颈位置要准而有力，乙方的转身绕步应配合甲方的转身同时完成。

7. 退步拿指法

1) 动作说明

承上势，乙方右腿向身后撤一大步，成左弓步，擒住甲方左手食指或小指末关节处。将甲方左手掌向上翻转拧拿，右臂绕向左后方，掌心向下，目视左手。与此同时，甲方身体向右转(朝北)，右臂绕向右侧，掌心朝下，目视右手(图9-13)。

图 9-13

2) 动作要领

乙方在撤步的同时，左手从甲方右手中挣脱并迅速拿住甲方左手手指，左手动作必须迅速有力，拿指要准。

8. 拿腕法

1) 动作说明

当乙方用退步拿指法时，甲方松开左手，身体随即直起，右脚上一步。同时，以右手掌心朝上，虎口向右，擒拿乙方左手手腕并向上、向外拧转。此时乙方左腿后收，身体直起，右手稍下落(图 9-14)。

2) 动作要领

甲方右手拿乙方左腕时要用力向外拧转，迫使乙方将左手指松脱。

图 9-14

9. 对翻身

1) 动作说明

当甲方用力擒拿乙方左手腕时，乙方立即松开左手，左手指并以腕力向上、向右、向下，再向左上内旋翻转，拇指一侧朝下，掌心朝左。同时，身体左转内翻，右腿往右前方(南)上一步，成右斜弓步，右臂随体转之势，仍位于身体右下方，目视左手。此时，甲方也顺势右转向内翻身。同时，左腿往左前方(南)上一步，成左斜弓步，左手随体转之势，向下、向左弧形绕环至身体左侧，右手随乙方左臂同时内旋翻至身体右侧，仍拿住乙方之手左腕并向外拧，目视右手(图9-15)。

图 9-15

2) 动作要领

乙方左臂内旋翻转要用力带动甲方右手一起翻转。甲方右腿往左前方上步，与乙方上右步必须同时进行。

10. 白马卷蹄

1) 动作说明

乙方被甲方拿住左手后，将右腿向左前方移步，位于甲方右脚内侧，用右手拿住甲方右手食指或小指末关节处，使甲方右手臂成为"V"形，并使甲方肘尖置于乙方右肘内固定住，用力将甲方手指向下弯拿，使甲方手腕向下弯成90°。同时，乙方用左手按住甲方右肘外侧勿使其逃脱，目视右手。此时，甲方左腿也提起稍向右后移，身体重心稍偏于右腿，左臂顺势下落，目视右手(图9-16(a)、图9-16(b))。

(a)　　　　　　　　　　　　　　(b)

图 9-16

2) 动作要领

乙方右手拿住甲方右手一手指，迫使对方松开其余四指，再加上乙方左手按住甲方右肘，其臂定难逃脱，无法用力，甲方指骨必折。演练时务必留神，点到为止。

11. 怀中锁拿

1) 动作说明

(1) 当甲方被乙方用白马卷蹄法拿住时，左手速向上，用大拇指按压于乙方右手无名指及小指当中经络处(手少阴三焦经)，目视左手(图9-17)。

(2) 甲方左腿稍向左后撤步，身体左转，将乙方右手带至怀中，拿其小指向上、向外翻拧，同时，甲方用右肘压住乙方右前臂，即可击败对方，目视左手。此时乙方顺势将左腿从甲方右腿外侧向前上一步，身体向右转，右臂垂下放松，左臂摆向左侧，目视右手(图9-18)。

图 9-17　　　　　　　　　　　　图 9-18

12. 点眉心法

1) 动作说明

承上势，乙方右手继续下松，并用左手中指点住甲方眉心(印堂穴)，向后推动甲方头部，用下松和后推之法，可使甲方失去锁拿机会，使乙方由被动变为主动，目视左手(图9-19)。

2) 动作要领

(1) 乙方须先放松被拿之手，再用左手点甲方的"眉心"。

(2) 位置要准，速度要快。

13. 左右展拿法

1) 动作说明

当甲方被乙方点拿"眉心"时，迅速用左手向上反拿点其"眉心"之掌，并将其小指向外拧转；同时，右手向后伸展，上身向右后仰靠，使乙方失去制拿之力(图9-20)。

2) 动作要领

甲方左手拿住乙方小指，目的是破其点法，若拿不准小指，拿到其他任何一指也行。

上身向右后仰靠，可使乙方站立不稳身体失去重心，但切不可过于后仰，必须保持自己的身体不失去重心。

图 9-19　　　　　　　　　　　　　　　图 9-20

14. 提肘按头法

1) 动作说明

当甲方采用左右展拿法时，乙方将左手由左向右至身前，弯转到甲方之头后颈处，用内劲向下按压，右手先内旋从甲方右臂下翻转至上面，再掌心朝下，虎口向左，抓握甲方之右腕，然后右臂外旋，用力向上提起，并用右肘尖抵点甲方背部的灵台穴，右腿稍弓，目视右肘(图 9-21)。

2) 动作要领

乙方提肘和按头的手法要同时进行，右肘尖点穴要狠，使对方无反抗之力。

15. 转身肩靠法

1) 动作说明

当乙方采用提肘按头法时，甲方的左手反拿住乙方的左手小指，经头上方绕至右肩外侧，同时，右臂顺势内旋，并急向左转体，以左肩靠打乙方上身部位，即可将其击败(图 9-22)。

2) 动作要领

甲方左手反拿乙方左手指，从头顶绕至右肩，能化解上法；左肩后靠可使乙方力不从心，但不必过度后靠，以免反使自己身体失去重心，只要能破对方之法便可。

16. 拧拿麻筋法

1) 动作说明

当甲方采用转身肩靠法时，乙方用右手握紧甲方右掌，拧提其右臂并用左手拿住甲方右上臂后部麻筋，使甲方全臂产生麻痛感，目视左掌，此时，甲方之左脚向前上半步，左臂自然下垂于左前下方(图 9-23)。

图 9-21

图 9-22

图 9-23

2) 动作要领

乙方右手反拿甲方右臂拧提速度要快，以破其上法；乙方左手拿麻筋位置要准，手指用力掐紧，使对方无力动弹。

17. 转身拧拿脉

1) 动作说明

当乙方采用拧拿麻筋法时，甲方左手的全部经络放松，右臂外旋，随即右转身往乙方的右侧后方连上三步(朝南)，先上左步，再上右步，最后一步将左脚在继续右转体的同时绕至乙方的右腿后方伸直，左腿微弓，用右手锁扣乙方右手腕向上提拿。同时，用左手压握乙方右手腕横纹下方，必伤其脉，使其难以逃脱。制破乙方之手技，使其被动，目视双手。此时乙方顺势左腿稍下蹲，身体重心偏于左腿，左臂摆于左侧，目视右手(图 9-24(a)、图 9-24(b)、图 9-24(c))。

(a)

(b)

(c)

图 9-24

2) 动作要领

甲方绕步向乙方右后方的三步，必须连贯进行；拿脉时，甲方右手提拿对方右手掌，甲方左手务必将乙方手腕压住，使其失去反抗之力。

18. 小腿麻筋法

1) 动作说明

当甲方采用转身拧拿脉时，乙方尽量松弛右手，使内劲集中于左手四指上，拇指在上、虎口向右。拿甲方左小腿足太阳和足少阴经的外端，使甲方之小腿产生酸麻感。使其产生筋麻的同时，乙方右臀部坐压在甲方左腿上，以加重点拿之劲，而反使甲方处于被动状态，目视左手(图 9-25)。

图 9-25

2) 动作要领

乙方应先放松右臂，身躯方可稍右移，立即用左手用力拿捏对方左小腿，使其产生筋麻。右臀同时猛力坐压，方能化解上法。

19. 提臂点拿法

1) 动作说明

当乙方用小腿麻筋法时，甲方速用左手伸至乙方头后部，以大拇指点按乙方之右耳下的"翳风穴"，中指置于"风池穴"，同时，右手握乙方右掌指，将乙方之右臂向上提起，这样便可随势制服乙方(图 9-26)。

2) 动作要领

甲方左手应用力点按乙方头后之穴，趁乙方向左闪身躲避之际，右手立即将对方右掌向上提起，方可破"麻筋"之法。

20. 反拿掌背法

1) 动作说明

图 9-26

承上式，当甲方使用提臂点拿法时，乙方用左手大拇指反拿甲方左手"中渚穴"，并用中指、食指拿住虎口部位，外翻至左肩后，同时身体直起，右手臂向甲方上身头部挺滚，将全身重量向右靠拢，使甲方身体失去重心。此时，甲、乙双方均面向正南。

2) 动作要领

乙方左手反拿甲方左掌迅速外翻拧转，身体快速直起后靠与右臂挺滚动作同时进行。注意后靠时要站稳，不可使自己身体失去重心。

21. 锁腿点脊法

1) 动作说明

承上式，甲方速将右手臂内旋，拧拿乙方右手，使乙方反拿之力松弛，随将左臂弯曲用肘尖点压乙方背部的灵台穴，同时，用右腿锁扣乙方右小腿，使乙方完全失去自主能力(图9-27)。

2) 动作要领

甲方右手反拿乙方右掌，内旋翻拧与右腿锁扣必须同时进行，使对方失去后靠之力，而破其上法，再用左肘点脊，手法施重，则对方必败。

图 9-27

22. 退步点"笑穴"

1) 动作说明

(1) 乙方迅速将上身向下、向左转身，以左脚掌为轴，使右腿稍提起，随转体之势向左绕至甲方身后，同时，左手向左、向上，掌心朝外，虎口朝右擒住甲方左手腕。右手从甲方手中挣脱，臂弯曲，虎口张开向上，掌心朝前，随转体之势收至右肋前，目视对方腰部(图9-28(a)、图9-28(b))。

(a)　　　　　　　　　　　　(b)

图 9-28

(2) 乙方以右脚前脚掌为轴，抬左腿随身体继续左转绕向甲方身后(北面)落步，成右弓步。同时，乙方左手将甲方左手微向上、向左后提拉。右掌速向前，以大拇指点甲方腰部的"笑穴"(位于经外奇穴的肋头穴位下方，在阴维脉范畴之内，阴维脉连络手太阴和少阴心经。其下是"哭穴")，用此技不但能制服对方，而且可使对方大笑不止。

2) 动作要领

(1) 乙方身体放松，用力挣脱右手。绕腿急向左转，方可化解甲方之点脊之危。

(2) 乙方退步后立即出手对准对方"笑穴"点去，同时，左手将甲方左臂后拉上提，使其无法逃脱。

23. 仰身拿脉穴

1) 动作说明

当乙方用退步点"笑穴"法时，甲方将右手由前下向身后，使拇指在上，食指、中指、无名指三指在下，点拿乙方右手脉部"寸关"部，同时，向后仰身(约45°)，使乙方右手腕被压而失去前点拿之力(图9-29)。此时，甲方正面斜向东南。

2) 动作要领

甲方上身后仰时，须用右手固定住乙方右手腕部，使其折腕受压，而化解前危。

24. 头抵肩胛穴

1) 动作说明

甲方用仰身拿脉穴法时，乙方用头抵住甲方左"肩胛骨"穴位上(肩贞穴)，使甲方无法仰身施技(图9-30)。

图9-29

图9-30

2) 动作要领

乙方头抵对方肩胛骨时必须用力，并将身体微直起，使对方失去前折腕之力。

25. 左臂挺滚法

1) 动作说明

当乙方用头抵肩胛穴法时，甲方左腿向右后绕撤半步，以增加惯力，急将身体左转，左臂向左后方伸直，贴于乙方前胸部朝后挺滚，即可化去乙方头抵之法(图9-31)。

2) 动作要领

甲方左腿在向右后方绕步的同时，用力以左臂将乙方向左后挥拨挺滚，使乙方连连后退，站立不稳。挥臂须果断，左臂

图9-31

须挺直。

26. 臂拿肩井法

1) 动作说明

(1) 承上式，乙方左脚由身后向右(西南)绕一大步，右腿向后撤半步，将身体向右后方闪退，并用左手握拿甲方左手前臂，左手心朝下，虎口向右。右手臂弯曲，由上往下与甲方左臂成十字形，并向外下压，使甲方手臂翻转(图 9-32(a)、图 9-32(b))。

 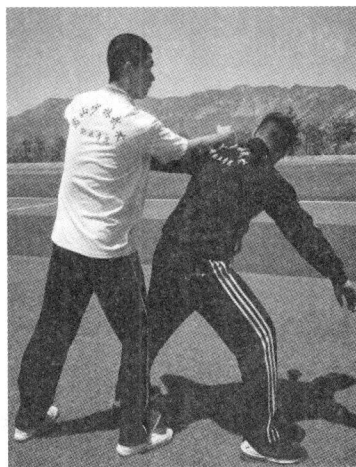

(a)　　　　　　　　　　　　　　　　　(b)

图 9-32

(2) 乙方左脚向后稍退，左手将甲方左臂上提，以右手中指、食指在前，拇指在后拿住甲方"肩井穴"(图 9-33(a)、图 9-33(b))。

(a)　　　　　　　　　　　　　　　　　(b)

图 9-33

2) 动作要领

乙方退右步可稳住身体重心，右前臂下压，可断对方之肘。拿"肩井穴"时，位置要准确，手指要用劲，可使对方肩臂酸胀无力。

27. 托肘麻筋法

1) 动作说明

甲方右脚由身前向左脚外侧绕步，身体左转，左脚随之也向身后绕步，右腿微屈。左手掌以腕为轴向外旋转，掌心朝下，虎口朝前反拿住乙方左手腕部，右手中指、食指二指与拇指掐拿乙方左上臂肱二头肌和肱三头肌筋的部位(位于少阴心经"青灵穴"后上部)，使乙方感到全臂发麻(图9-34)。

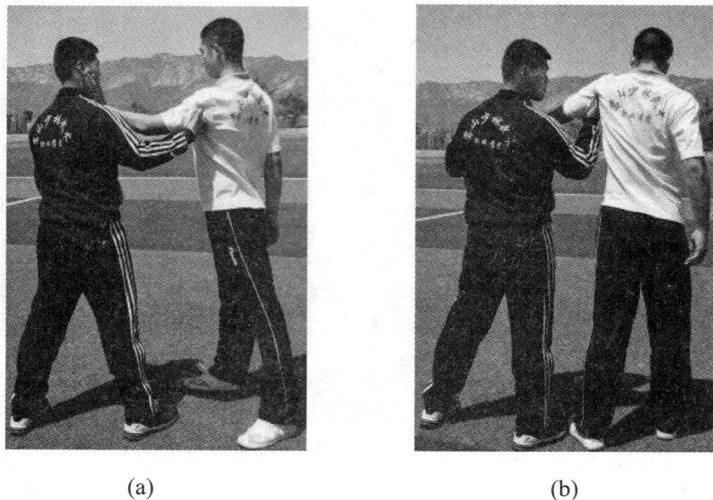

(a)　　　　　　　　　　　　　(b)

图 9-34

2) 动作要领

甲方转身绕步与左手翻腕反拿乙方左手腕必须同时进行，并用力握住对方手腕，将其臂提于胸前，右手指迅速按准乙方左臂"麻筋"，使其左臂发麻无力而失去其右手拿穴之力。

28. 封喉点腮法

1) 动作说明

当甲方用托肘麻筋法时，乙方迅速左转身(向西)，右腿向前上步靠近甲方右腿内侧，以膝跪压甲方右腿以下部位，同时，右手由下向前、向上，小指一侧朝前拨开甲方右臂，左手挣脱，并用拇指、食指点拿甲方之两腮(即"大亚穴"下方)，使甲方失去点拿麻筋的力量，目视左手。此时，甲方左手自然下垂于体左侧下方。

2) 动作要领

乙方转身上步与右手拨开对方右臂动作应同时进行，再迅速挣脱左手点拿甲方两腮，使其被动。

29. 夹脖扳头法

1) 动作说明

当乙方用封喉点腮法时，甲方左手由乙方头后绕向乙方的头左侧，右手向上绕至乙方的头右侧，用双手将乙方头向左拧转，扳至自己胸前，使乙方失去拿腮之力，目视乙方头部(图9-35)，此时两人位置面对东北方向。

图 9-35

2) 动作要领

甲方两手扳乙方头部要使之贴紧自己胸前，使其无法躲避；该动作若较重，则可致使颈椎骨折断，故在演练时须小心，注意手法得当。

30. 掰掌踹腿法

1) 动作说明

(1) 甲方用夹脖扳头法时，乙方左脚向左后移步，迅速左转身约270°，右脚由身前绕至左腿外侧落步，并用左手大拇指拿住甲方左掌的小指上部背侧，食指拿住虎口部位，随转身之势向左、向下掰至左腹前，右臂位于身体右侧下方。同时，乙方将左腿屈膝提起，右腿微屈(图9-36)。

图 9-36

(2) 乙方左手掰拿甲方左手继续向左、向上(约比头高)，右手顺势微向右侧上方抬起，左脚猛向甲方左腿蹬踹，高不过膝(图9-37)。此时，乙方面向东南方。

图 9-37

2) 动作要领

乙方转身绕步要快，转身后被扳头之势必解；掰掌、踹腿时左手向左上方用力，左腿向左下方用力，使甲方上下受挫，难以避让；但右腿支撑地面要稳，用力要得当。

31. 拿腕法

1) 动作说明

(1) 承上势，甲方左腿抬起稍向后移，避开乙方蹬腿之势，乙方左腿顺势收回下落于左侧。

(2) 甲方以左前脚掌为轴，右腿抬起，从身前绕向左侧落步，身体向左转(背对乙方)。同时，左臂内旋先以掌心朝下、虎口朝前，左手拇指、食指拿住乙方左手腕，趁转身之势，由头上绕至左肩外侧。右臂趁势从左臂下向左穿绕，转身后落于体右侧，面向正南。

2) 动作要领

(1) 甲方左腿避让要快，迟则易被乙方左腿踹伤。

(2) 甲方绕步转身时左臂迅速内旋，翻掌拿紧乙方左手腕，将其手臂绕至左肩外侧后，前掰掌之法自然解除。

32. 反拿腕法

1) 动作说明

当甲方用拿腕法时，乙方随即右脚从身前向左绕步落于甲方左腿前，脚尖外撇，接着以右前脚掌为轴右转身，左脚顺势向左绕向身后(东)，右腿微弓；同时，右手随转身之势向左、向上绕行，用大拇指压住甲方左掌心食指根部，其余四指拿住手背，使甲方腕部折向手背一侧即破上法(图9-38)。

2) 动作要领

乙方右手拿甲方左手掌与绕步右转身须同时进行，拿重反折必伤其腕。练习时应注意拿折须适度，不要伤及对方。

图 9-38

33. 压鼻法

1) 动作说明

(1) 当乙方用反拿腕法时，甲方左脚微后移，右脚向左前(东)上步。同时，右手向上拿住乙方右手腕，拇指在上，其余四指在下(图 9-39)。

(2) 甲方身体右转，左腿向前(东)上一步落于乙方右腿后面，两手紧拿乙方双手猛力向下拉至腹前，腿稍弓，左腿伸直(图 9-40)。

(3) 甲方双手继续下拉，右腿成斜弓步。左手松开向上，由前往后拇指一侧朝下，用掌心按压乙方鼻部，使其鼻酸流泪(图 9-41)。

图 9-39   图 9-40   图 9-41

2) 动作要领

(1) 甲方上右步反拿乙方右手腕，可解前被拿之危。

(2) 甲方再从乙方身后上左步将其双手猛力拉至自己腹前，使其完全被动。

(3) 甲方挣脱左手并出其不意地以掌心捂压乙方鼻部，因鼻腔抵抗力薄弱，经受不起击打，受击后必然鼻酸流泪，重则会流血、痛不可忍，练习时须点到为止。

34. 反拿手掌法

1) 动作说明

当甲方用压鼻法时，乙方以左手向上，拇指在内，其余四指在外，虎口朝左拿住甲方左手掌小指部位向外拧翻，同时身体重心微直起稍向左偏，如此，必能化解甲方上法。此时甲方右腿乘势直起，身体重心偏左(图 9-42)。

图 9-42

2) 动作要领

(1) 乙方鼻部被压时切莫紧张，头脑要冷静，迅速以左手使劲拧翻甲方左掌，使对方难以施展功力。

(2) 翻拧时一定要抓握住甲方的掌部才有效，不要抓握手臂。

35. 挺滚法

1) 动作说明

当乙方用反拿手掌法时，甲方右脚向左脚方向收回半步，然后左脚再向左前(东)出半步，腿稍弓。同时，尽量使左手经络放松并贴紧乙方之胸部向上、向后挺滚，使乙方身体失去重心而化解上法，目视左臂(图 9-43)。

2) 动作要领

(1) 甲方先放松被拿之左臂，再向左前进控制住乙方之双腿，使其一时无法躲避，再以左臂将乙方胸部向后挺滚，其必败无疑。

(2) 上步之腿应紧靠乙方腿后；挺滚之臂必须紧贴乙方胸前；手臂用力方向应是向左后方。

图 9-43

36. 臂法

1) 动作说明

承上势，当甲方用上法时，乙方速提右腿落于甲方左腿后微弓，身体右转(朝西南)，稳住身体重心。同时，左手翻腕使掌心朝下，虎口朝前仍拿住甲方左手；右手从甲方右手中挣脱收回，然后用右前臂猛力从甲方左腋下对准其左胸前崩出，以破上法，目视右手。甲方右手臂自然下落摆至身体右侧(图 9-44)。

图 9-44

2) 动作要领

乙方左手翻腕反拿、提右腿与右手抽回身前动作应同时进行；右腿在乙方左腿后落步，与右臂向甲方左胸前崩击动作须同时进行；右腿落步要稳，右臂崩出要有力。

三、收势

1. 动作说明

1) 甲方退步击掌

当乙方用臂法时，甲方速将左腿提起，身体左转(朝东)使左脚落于身体左侧(北)左斜步。同时，左手猛力从乙方左手中挣脱握拳，屈肘收抱于左腰侧，右手向上，用掌心对准乙方右肩前拍击，乙方右手下落至身体右侧，左手也微下落于身前(图9-45)。

2) 乙方退步按掌

承上势，乙方随即右转身，右腿向后(东)撤步成左弓步，右掌变拳收抱于右腰侧，拳心朝上。左臂内旋，使左掌向上、向右、向下，以掌心按压甲方右手腕，目视左手(图9-46)。

图 9-45　　　　　　　　　　　　图 9-46

3) 甲、乙双方退步击拳

(甲、乙双方同时动作)甲方右腿向后(西)撤步成左弓步，右掌收至右腰侧屈腕成倒掌，掌心朝前。同时，左臂内旋，左拳向前击出，拳眼朝上，高与肩平。与此同时，乙方左腿后(东)撤成右弓步，左掌收回左腰侧屈腕成倒掌，掌心朝前，并将右拳猛力向前击出，拳眼朝上，高与肩平并与甲方之左拳相对，目视右拳，甲方目视左拳(图9-47)。

4) 甲、乙双方并步双摆掌

(甲、乙双方同时动作)甲方右脚前脚掌外展，身体右转(朝南)，随即左脚收至右脚内侧并步腿伸直站立。同时，右掌向前伸至左肘处，左拳变掌，两臂一起由左向上、向右绕环下落至肩平，掌指均朝上，右臂伸直，掌心朝前，手腕上翘90°，左掌位于右肩前，掌心朝后，屈腕、沉肘，自视右掌。乙方右脚向左脚向(东)撤一步，身体右转(朝北)，左脚随即向右脚内侧靠拢并步直立。左掌伸至右拳前，右拳变掌后收至左肘，然后在左脚向右脚并步之际，双臂一起由左向上、向右绕环下落至肩平，两掌指均朝上，右臂伸直，手腕上翘90°，掌心朝前。左掌位于右肩前，掌心朝后，屈腕、沉肘(与甲方动作姿势基本相同，方向相反)，目视右掌(图9-48)。

图 9-47

图 9-48

5) 甲、乙双方虚步护身掌

(甲、乙双方同时动作)甲、乙双方右脚同时向右横跨一大步，身体左转，左脚收回半步成左虚步。两臂均由右向下、向左、向上绕环，至身前与肩同高，左臂伸直屈腕上翘90°，掌指朝上，高与鼻齐，掌心朝右，右掌护于左肘内侧，掌指朝上，掌心朝左，肘下沉，目视对方。

6) 甲、乙双方并步双抱拳

(甲、乙双方同时动作)甲、乙双方司时各自右脚前脚掌外展，身体右转，随即将左脚收至右脚内侧并步直立。两掌变拳收抱于两腰侧，拳心朝上，目视对(左)方(图 9-49)。

7) 甲、乙双方立正收功势

(甲、乙双方同时动作)甲、乙双方司时头转正朝正前方，两拳变掌下落于两胯，侧掌心朝里，目视正前方。

至此，全套动作结束(图 9-50)。

图 9-49

图 9-50

2. 动作要领

(1) 甲方将左腿从乙方右腿内侧提起落于左侧，可稳住自己身体重心，而且可避开对方手臂崩击之势。提腿与左臂挣脱抽回抱拳必须同时进行。左腿落步与右掌挥击乙方右肩为同一步进行。左腿绕步要快，右掌拍击要有力。

(2) 乙方迅速退右步，以左掌按压甲方之右腕，既可化解甲方拍肩手法，又能稳固自己身体重心。退步和右手抱拳与左手按掌必须同时进行。

(3) 甲方右腿退步，右掌收回成倒掌，左拳向前击出，与乙方左腿后撤左掌收回成倒掌，右拳击出，双方必须配合一致，同时进行。前弓之腿，膝不过脚尖，脚尖朝前微内扣，后撑之腿要挺直，脚尖向外斜 45°，用力后蹬。

(4) 甲、乙双方的右转身并步摆掌动作，必须配合一致，同时进行。摆掌时双臂绕环幅度要大，应以肩为轴由左向上、向右下绕环，手臂要有力，并步后两腿要立直。

(5) 虚步时，两人必须均以右腿弯曲支撑身体重心，左腿微屈，左脚前脚掌虚点地面，不可用力，左脚跟稍抬起微外展，左膝微向内扣；两掌左前右后，掌心相对，均屈腕上翘，两肘下沉，不可外张。

(6) 并步抱拳时，两肘应在身后夹紧，两拳收在腰肋中间，挺胸直立，精神振作，切不可因为整套功法即将结束而无精打采，应有始有终，莫放松。

(7) 立正收功之势，其要领与起势大体相同。收功后稍停可交换角色再进行练习。

▶ 第十章 主动抓控技术 ◀

主动抓控技术是甲方在乙方没有任何防备或对于甲方的抓捕行动未觉察的情况下，甲方随即实施突然的袭击而将其制服所使用的技术。主动抓控技术是警务实战中最为有效且最常采月的战斗形式。

第一节 主动抓控技术的特点及实施要求

1. 主动抓控技术的特点及重要性

抓控技术不是单纯的散打，也不是纯粹的擒拿，更不是几个人一拥而上进行毫无章法的按、拿，而是充分利用有利条件，并选择最近的路线、最合适的距离和角度，抓住最佳时机，发挥最大的威力，在对方尚未反应或警觉之时，就已经将其制服，即使垂死挣扎和反抗也无济于事。这就要求甲方在实施主动抓控时必须做到：出其不意、攻其不备、善于用智、施招有效、速战速决，从擒、拿、摔、倒地后的关节控制，到翻身控制、上铐、搜身、带离为主，环环相扣，缺一不可。

尽管主动抓控技术是在乙方没有任何防备的情况下实施的，但危险却是无时不在的。例如，对于一个负罪在身的犯罪嫌疑人来说，其警觉程度远远高于常人，由于其具有本能的求生欲望，反抗程度必然是强烈、疯狂且不计任何后果的。特别是对付持有枪械、凶器或爆炸物的凶犯时，一旦失手，就会造成严重的后果甚至无法挽回的损失。在以往的抓捕行动中，许多民警就是因为不会或不善于使用抓控技术，造成了许多无谓的牺牲。作为警察，熟练掌握主动抓控技术对于保证安全且有效地执法有着重要的作用。

2. 主动抓控技术实施的基本要求

(1) 收集信息、知己知彼。首先要明确对手的位置，且要了解其是否带有爆炸物、枪械、刀具等武器，是否有同伙在附近等信息。

(2) 善于审时度势。"审时"是实施制暴技术的时机，在制暴时要抓住有利的时机，决定抓控技术启动的有利时间；"度势"则是要观察暴徒身处的自然环境、位置、身体的姿态等，以确定使用什么样的警械和什么样的技术方法制服对手。

(3) 秘密贴近，突然袭击。选择接近对手的路线和防止对手逃脱的路线，站位合理，移动迅速，行动隐蔽。

(4) 动作连贯，一招制敌。每一个完整的抓控技术从开始到结束都应该是连贯有序、环环相扣的，任何一个环节出现差错都会导致抓捕的失败。一旦开始发起进攻就要立刻制服对手，不给对手留下周旋的余地和还手的机会，直到最后把对手完全制服后戴上手铐。特别是若对手手中持有凶器，在实施抓控技术时，必须做到迅速、准确，并且要做到稳、准、狠，不能给对手一丝喘息的机会。

(5) 擒拿控制为主，控制关节为上。抓控技术尽量避免拳腿攻击，大打出手，这样既不利于抓捕控制，也不符合警察执法要求。抓控技术主要在于控制嫌疑犯的关节，使其关节的生理活动幅度减至最小，产生剧痛而进行有效地控制。

主动抓控技术是各种技能组合的综合体现，因而需要加强对各种基本格斗技能的训练，提高各方面的素质和应变能力，以便在实践中发挥和运用。另外，在练习时应把握好用力的尺度，以避免造成不必要的伤害。抓控的最终目的是依法使用合理的技术在保障自身安全的前提下有效地对对手进行控制、上铐、搜身、带离，最终将其绳之以法。

第二节　由正面的主动抓捕技术

由正面的主动抓捕技术主要有以下几种。

一、固臂折腕控制

1．动作说明

(1) 当甲方欲对乙方实施抓捕时，甲方从其正面左侧靠近，走路的动作、面部表情自然，不能令乙方察觉甲方有抓捕的意图(图 10-1)。

(2) 当甲方快靠近乙方身体左侧时，甲方迅速上右步，左手从乙方左手肘关节内侧插入，并迅速将其向甲方胸口拉，使其左肘固定于甲方胸口，同时右手抓握乙方的左手背(图 10-2)。

图 10-1　　　　　　　　　　　图 10-2

(3) 甲方右手抓握乙方的手背，并迅速抬起向甲方胸口方向扣压，使乙方手腕与小臂垂直于乙方胸口，左手始终控制乙方左肘关节。此时，甲方低头收下颚以防乙方肘关节挣脱(图10-3)。

(4) 为防止因右手单手折腕力不足而令乙方解脱，甲方应迅速屈身收下颚，将左手快速移至乙方左手背，双手合力按折，使乙方因手腕产生剧痛而屈身跪下(图10-4)。

(5) 可令乙方慢慢跪下卧倒。在乙方跪下卧倒时，甲方亦随之慢慢跪下，双手继续向甲方胸口方向按折乙方手腕，并使其肘关节牢牢地固定于甲方胸口处，防止乙方左手突然挣脱(图10-5)。

| 图 10-3 | 图 10-4 | 图 10-5 |

(6) 乙方倒地后，甲方双手继续按折其手腕，双膝跪地，身体向其身体右侧俯身，腹部顶住乙方肘关节，然后慢慢以左手拖住乙方肘关节。

(7) 甲方双手迅速将乙方左手臂向其背部扳移，右膝随之跪压乙方腰背部，并顶住乙方肘关节，左手托住乙方左肘部，右手按折乙方手腕，使乙方肩肘关节产生剧痛。

(8) 甲方用左手将乙方左手拉直并顺时针按拧其手腕。

2. 动作要领

贴身快速，固肘、抓腕动作准确，折腕有力，倒地、向背部推臀及屈膝跪压动作要连贯。

根据《公安机关办理行政案件程序规定》等相关法律规定，人民警察在实际执法中不得少于两人，所以在实际执法过程中，两名警察同时配合，分别从左右两侧采用固臂折腕控制法，将会取得更好的抓捕效果，以减少执法风险。

二、抓腕切别摔控制

1. 动作说明

(1) 当乙方从甲方正面走来时，甲方假装若无其事的样子，镇定、从容地从其右侧靠近，用眼睛余光看着乙方的右手。

(2) 当快靠近乙方身体右侧时，甲方快速贴近，迅速以左手抓握乙方右手腕，并向甲方身体左后方拉拽，同时将右脚移至乙方双腿后侧，右手第一掌骨侧横向击打乙方喉结处。

(3) 甲方做别摔的动作，将乙方摔倒在地。乙方在倒地瞬间，甲方左膝迅速跪地，左手抓握其手腕并将乙方右手肘关节成反关节状态置于甲方大腿上侧，右手用力击打其脸部。

（4）乙方脸部被用力击打后会产生瞬间的眩晕，甲方乘机以右手砸击乙方肘关节使其屈肘，右手穿过其肘窝抓握甲方左手腕，双手交叉控制其右手臂，左腿跪压其头部。

（5）甲方迅速屈身站起，双手合力将乙方左手向上提拉，身体由右向左从乙方头前绕过，左手向右侧推腕，右手小臂向左下侧压按其上臂远端侧，使其右手呈顺时针拧转迫其翻身转体。

（6）双手控制乙方右臂手型不变，甲方右手向下按压其上臂后侧，使其完全翻身。当身体移至乙方右侧时，甲方双手迅速将其右手臂向其背部扳移。

（7）甲方右膝迅速跪压乙方颈部，双手向其背部上侧反折，然后以左膝跪压乙方腰部并顶住其肘关节，使其右手肘关节被牢固控制于甲方两腿之间。

（8）先将乙方头部、肩部、腰部背固定，然后将其双手上铐、搜身、带离。

2. 动作要领

贴靠快速、抓握准确、切别有力，倒地时跪地、压腕、击脸动作同时进行，翻身控制动作的各个环节连贯顺畅，不可脱节。

三、拉肘别臂控制

1. 动作说明

（1）当乙方从甲方正面走来，甲方假装若无其事的样子，镇定、从容地从其右侧靠近，用眼睛余光看着乙方的右手。

（2）当快接近乙方身体右侧时甲方快速上步，左手插入乙方右手腕内侧并向上抬，同时右手向甲方身体一侧用力扳拉其右手肘关节内侧，使其快速屈肘(图10-6)。

（3）甲方身体迅速右转，左手向上提腕并滑至乙方肘窝处，右手抓握其左手腕，右脚迅速转至其后背部，双手合力向甲方右后方快速旋压，防止其向前翻滚逃脱(图10-7)。

图10-6　　　　　　　　　　　　图10-7

（4）乙方倒地时甲方身体重心随之下沉，右手臂按住乙方颈部，左手上臂从其头前侧别住其小臂，以胸部顶住其肘部，并使其肩关节、肘关节生理活动弧度超越临界点。

(5) 左手控制手形，如甲方手指所指，左手别住其右手臂向乙方头部扳撬，左大腿顶住其肘关节，防止其挣脱(图10-8)。

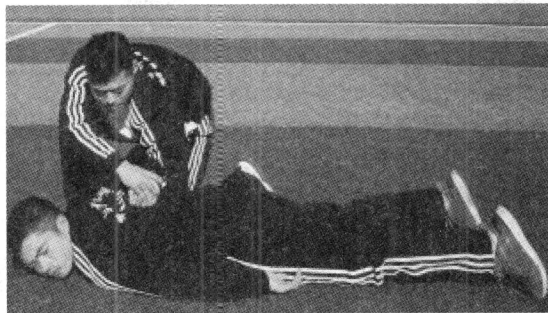

图 10-8

(6) 甲方左手从乙方肘窝处抽出，左手托住乙方肘关节，右手折按其手腕，向其背部推送，同时右膝盖跪压其颈部，右大腿内侧顶住其右肘关节。

2. 动作要领

提腕、扳肘动作快速有力，背步、转身、别臂、压肘动作应迅速连贯。倒地时的别臂、压颈、跪压、折腕动作应环环相扣，不可脱节。

四、击腹别臂动作

1. 动作说明

(1) 当乙方从甲方正面走来时，甲方假装若无其事的样子，镇定、从容地从其右侧接近，用眼睛余光看着乙方的右手(图10-9)。

(2) 当甲方快接近乙方时，甲方迅速上左脚，左手抓握乙方右手手腕。同时，甲方右手立拳怅速打击乙方心窝，使其收腹屈身，全身之力松懈(图10-10)。

图 10-9　　　　　　　　　　　图 10-10

(3) 当乙方收腹屈身的同时，甲方右手迅速插入乙方右手内侧用力向上挑打其肘窝，身体迅速向后转体，左手将乙方手腕向其背侧上提(图10-11)。

(4) 甲方右手掌按住乙方肩部，并以此为支点，右手小臂向其头前侧扳撬其小臂，使乙方肩、肘、腕关节的活动幅度超越临界点，甲方左手折其右手腕向其头部方向推，左脚上步顶住其躯干右侧(图 10-12)。

图 10-11

图 10-12

(5) 需要注意的是，甲方右脚一定要顶住乙方躯干的右侧，否则乙方一旦向下、向前用力翻滚便会挣脱甲方的控制。

(6) 甲方左手折腕向下推按，右手撬臂前扳，使乙方俯卧倒地。乙方倒地后，甲方右膝内侧顶住乙方右手肘关节，左膝跪压乙方背部，防止其右手解脱(图 10-13)。

图 10-13

(7) 甲方右手从乙方肘窝处抽出后，以手掌托住乙方肘关节并沿其背部推。甲方右膝跪压乙方颈部，左膝跪压乙方背部，左手折其手腕控制其行为。

2. 动作要领

抓手要准确，向上挑肘要有力，转身、别肘、压肩、推腕动作须连贯；推臂压背动作迅猛有力；倒地时的锁臂控制牢固，不能让乙方有任何反抗挣脱的余地。

五、提臂压肩控制

1. 动作说明

(1) 当甲方欲对乙方实施抓捕时，甲方从乙方正面右侧面靠近，走路的动作、面部表情自然，不能令乙方觉察甲方有抓捕的意图(图10-14)。

(2) 当甲方快靠近乙方身体右侧时，甲方迅速贴靠乙方身体右侧，右手由乙方腋下插入其肩膀后侧，右手抓握左手腕。甲方可用右膝顶击乙方裆部，使其屈身收腹(图10-15)。

图 10-14　　　　　　　　　　　　　　　图 10-15

(3) 甲方身体迅速向右后转体，右手向甲方身体右后侧拉腕，左手肘关节向上抬起上臂，用小臂压住乙方肩部，右脚在左脚后背步，双手合力向后方旋压，将乙方摔倒(图10-16)。

图 10-16

(4) 乙方在倒地瞬间，甲方双脚随之跪地，身体重心前移，肩部顶住乙方肘部使其肘关节成反关节控制，并向乙方头部方向推压，使乙方肩、肘关节产生剧痛(图10-17)。

(5) 当甲方左肩顶住乙方右臂向前推时，务必使乙方肘关节成反关节控制，否则很难控制其右臂。

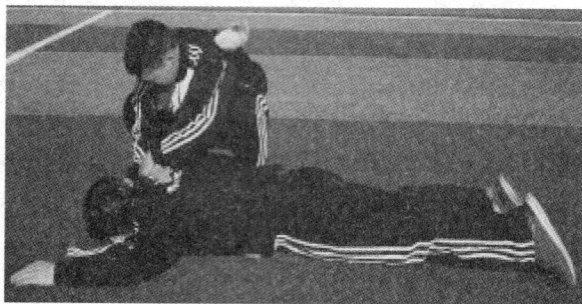

图 10-17

(6) 甲方左肩向乙方头前侧推按其手臂，右手顺时针拧折其右手背，使乙方手腕产生疼痛感，并将乙方右手屈臂置于其背部。

(7) 甲方右膝跪压乙方颈部，左手向乙方头部推压其手腕，使乙方手臂夹于甲方两大腿间，并使其头部、肩部、腰部、肘腕关节被固定而失去反抗能力(图 10-17)。

(8) 甲方左手抓握乙方右肘关节，右手按折乙方手腕将其带离。

2. 动作要领

插臂、抓腕动作准确、快速，拉腕、提肘、压肩动作连贯一致，倒地后右臂顶肘、推肩、跪压、控制应前后有序。

六、抓腕别臂控制

1. 动作说明

(1) 当乙方从甲方正面走来时，甲方假装若无其事的样子，镇定、从容地靠近乙方，用眼睛余光看着乙方的右手。

(2) 当快靠近乙方身体右侧时，甲方迅速贴靠其身体右侧，左手抓握乙方右手腕并上提，右手经其手臂后侧插入抓握左手腕(图 10-18)，手型如图 10-19 所示。

图 10-18

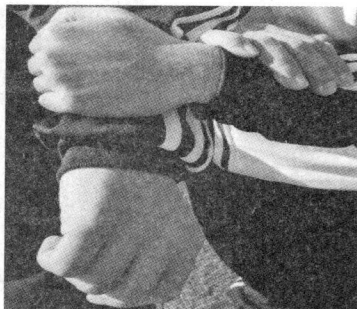

图 10-19

(3) 甲方迅速向右后转体，左手向其背部提腕使其屈服，右手肘关节下压乙方肘窝，双手合力向下按压，使其倒地。倒地前也可将甲方右膝移至乙方肩部，慢慢令其倒地，以防止其向前滚翻逃脱(图10-20)。

图 10-20

(4) 乙方倒地后，甲方控制手型不变，双膝跪地并用膝盖顶住乙方右肘关节。当甲方没有带手铐时，可先折其手腕让其双腿交叉，对其实施搜身，再采用徒手带离法。

(5) 甲方右手按折乙方手背控制其腕关节，右膝盖从其颈部移开，甲方左手由乙方小臂下侧方插入并抓其上臂别其右小臂，将身体重心前移使其肩、肘关节活动幅度减小到最小。

(6) 乙方站立时，是其最容易挣脱的时机。故甲方应加强左手别臂，右手按压颈动脉并迅速使甲方右肩侧向乙方颈部，使其转身背部贴靠于甲方体前，防止其挣脱。

(7) 甲方快速用力翻拧乙方颈部使其头贴于甲方右肩，加强左手别臂。注意颈动脉控制的时间和力度。

2. 动作要点

贴靠要快，抓腕、锁臂动作迅速，转身、提腕、压肩动作要迅猛、连贯。带离时的各个动作应环环相扣，不可脱节。

七、圈臂扳腮控制

1. 动作说明

(1) 当乙方从甲方正面走来时，甲方假装若无其事的样子，镇定、从容地从其右侧靠近，用眼睛余光看着乙方右手。

(2) 当快靠近乙方身体右侧时，甲方迅速贴靠乙方身体右侧，右手插入乙方右手臂内侧，左脚快速向其身体后侧移动，同时左手经乙方颈后部夹住其颈部(图10-21)。

(3) 甲方右手关节夹紧其右手上臂并用小臂别乙方背部，左手小臂夹紧其颈部，手背紧贴乙方右腮部并向左后侧扳。甲方快速向左后转体，使乙方侧身倒地(图10-22)。

图 10-21

(4) 乙方侧身倒地的瞬间，甲方迅速以右膝跪压其肋部，右手缠绕其右臂，甲方左手翻掌向左侧扳其下颚，使其颈椎的生理活动幅度因超越其临界点而不能随意翻动和挣扎(图10-23)。

图 10-22　　　　　　　　　　　　图 10-23

(5) 甲方加紧左膝对乙方头部进行跪压控制，左手松开乙方其下颚并迅速按住其头部，右膝跪压乙方头右侧。左手抓住乙方上臂，右手经乙方手臂内侧抓握其左手腕(图 10-24)。

(6) 甲方双手控制手型保持不变，右膝向左侧顶压乙方右肩胛骨，迫使乙方向右翻身，左膝缓慢移至乙方头部右侧，以臀部坐压乙方。

(7) 甲方身体以其右臂为轴慢慢向左侧转动，右侧跪压乙方头部，左膝跪压乙方背部，双手顺时针拧按乙方右手腕，并向其头部反向推按(图 10-25)。

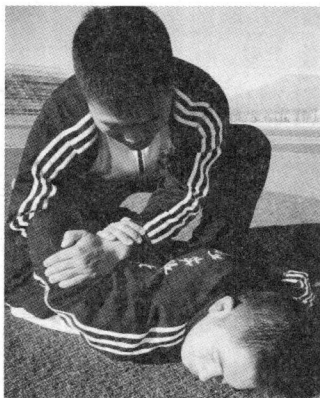 

图 10-24　　　　　　　　　　　　图 10-25

2. 动作要点

贴靠迅速，抓臂、圈颈、扳腮、左后转体等动作连贯协调，翻身时的圈臂折肘、顶肩背动作应同时进行。

八、前顶摔控制

1. 动作说明

(1) 当乙方从甲方正面走来时，甲方假装若无其事的样子从其左侧靠近。当快靠近乙方身体左侧时，甲方身体迅速下潜，双手合抱其膝窝向后回拉，左肩向前顶其右胯，将乙方成仰卧状摔倒在地(图 10-26)。

(2) 甲方迅速坐压乙方腹部，右手掐住乙方颈部，左手按住乙方右手臂。坐压时乙方必将拼命翻滚挣扎，右手不断击打甲方面部，甲方欲对其上手铐非常困难。此时，甲方身体重心需前移，右腿屈膝顶住乙方左臂(图 10-27)。

图 10-26　　　　　　　　　　　　　　　图 10-27

（3）身体屈膝站立，甲方左手抓住乙方并上提乙方右手腕，左手用力按住乙方面部，左脚迅速向乙方身体和头右侧移动。

（4）甲方双手抓握乙方右手腕并上提，迅速将右脚移至乙方身体并向头右侧移动（图10-28）。

（5）甲方双手抓握乙方右手腕并上提，迅速将右脚移至乙方头部左侧，屈膝，身体重心快速下沉，依次用臀部、背部、肩部着地（图10-29）。甲方倒地后，右脚横压于乙方胸部，左腿压于乙方颈部，两大腿夹紧其右手，双手抓握其右手腕下扳，臀部上顶，使其肘关节成反关节控制。

（6）甲方臀部上顶，左手抓握乙方手腕并向下扳，右手折按乙方手背，使其手腕产生剧痛（图10-30）。

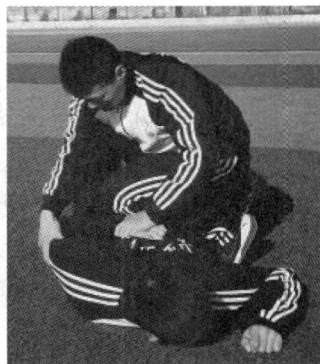

图 10-28　　　　　　　　　图 10-29　　　　　　　　　图 10-30

（7）控制住乙方手腕后，甲方迅速仰卧坐起，使乙方肘关节固定于甲方腹部，双手折按乙方手腕，之后用左手折其手腕，右手执手铐，命令其将左手向右侧伸，甲方可先将乙方其左手上铐。

2. 动作要点

贴近迅速，抱膝、顶腹动作迅猛有力，坐压控制牢固，抓腕、压脸、固肘动作连贯，折腕、仰卧坐起、控制协调稳固。

第三节　由乙方背面的抓捕技术

由乙方背面的抓捕技术有以下几种。

一、携肘折腕控制

1. 动作说明

(1) 当乙方在前面行走时，甲方从其后面悄悄跟上，接近时行动声音尽量小，动作尽量快而轻(图10-31)。

(2) 在快接近乙方时，甲方迅速贴近其身体右侧，左手从其手臂内侧插入乙方肘窝，并使其固定于甲方胸口，同时右手抓握乙方手臂(图10-32)。

(3) 甲方右手抓握乙方手臂膀，迅速上提至甲方胸前侧并折其手腕。右手松开乙方肘窝并搭于甲方右手背，双手合力按折其手腕，右手臂紧紧夹住乙方右手上臂于胸侧，防止乙方肘关节挣脱(图10-33)。

图10-31　　　　　　　　　图10-32　　　　　　　　　图10-33

(4) 甲方控制手腕时，务必使乙方肘关节固定于甲方胸腹部，左手折腕控制的最佳效果为以腕关节为支点，着力点在乙方食指指关节侧端，此时乙方腕关节的活动幅度为90°。

(5) 收腹含胸，身体重心下沉，双手用力折其手腕，使其疼痛难忍。令其慢慢跪下，甲方亦随之跪地，双手折腕之力不可松懈(图10-34)。

(6) 乙方卧倒时，甲方的控制手型不变，继续控制乙方的右手腕和肘关节，并使乙方肘关节固定于甲方左胸前侧，以防其右手挣脱。乙方倒地时是其最容易挣脱的时候，应注意对乙方右手的控制(图10-35)。

图 10-34　　　　　　　　　　　　　　　　图 10-35

(7) 甲方右手按住乙方的头部，左手折其手腕在其手臂下侧，由下而上翻肘时迅速向其背推送其手腕。甲方翻肘推腕时，胸部顶住其肘关节，防止乙方挣脱(图 10-36)。

图 10-36

(8) 乙方被完全控制后，强制戴上手铐、搜身、带离。

2. 动作要点

扣肘时动作须快速、准确，双手折腕有力，倒地时的翻肘、送腕动作要连贯协调，不可有脱节现象。

二、圈颈后摔控制

1. 动作说明

(1) 当甲方接近乙方身体右侧时快速贴靠其背后，右手圈住乙方颈部，左手抓握乙方右手腕向后侧拉，使其喉结被甲方尺骨卡住，造成乙方呼吸困难(图 10-37)。

(2) 甲方双手向后用力，身体重心下移，将乙方摔倒。当甲方右膝顶住乙方腰背部，左手抓握右手腕向后拉时，乙方必将用双手外扳甲方右手指(图 10-38)。

(3) 甲方左手抓握乙方左手腕向右下拉，使其肘关节顶于甲方腹前成反关节控制，右手夹住其颈部向右侧翻身，使乙方俯卧倒地(图 10-39)。

　　　图 10-37　　　　　　　　　图 10-38　　　　　　　　　图 10-39

　　(4) 乙方翻身后，甲方右手夹紧乙方颈部，身体侧压于乙方背部，左手抓腕向左后侧扳，使其肘关节成反关节控制(图 10-40)，肘关节被控制的手型如图 10-41 所示。

　　　　　图 10-40　　　　　　　　　　　　　　图 10-41

　　(5) 甲方右脚回撤，左脚屈膝，两脚成弓步，身体压于乙方背部，颈部与肘关节的控制不能松懈。

　　(6) 甲方重心前移，右脚移至乙方右侧，两脚成马步，松开右手迅速抓握乙方右手腕，将其右手扳至甲方右大腿根部上侧，并将乙方双手、肘、肩成反关节控制(图 10-42)。

　　　　　图 10-42

2. 动作要领

　　锁喉动作迅速，后扳颈动作快速有力，携臂、翻倒、扳腕、控肘时动作迅捷连贯，压背撤步稳固有力，拉臂、蹲起、控制迅猛到位。

三、抓腕提裆控制

1.动作说明

(1) 当甲方贴近乙方时，迅速上步左手抓握乙方左手腕，并向左后方拉，右手插入其裆部向前提裆，使乙方俯卧倒地(图10-43)。

(2) 乙方在倒地瞬间，甲方迅速以左膝跪压其肩胛骨，左手抓腕向其左侧提拉，使其肘关节成反关节控制，右手按住乙方颈部后侧(图10-44)。

图10-43　　　　　　　　　　　图10-44

(3) 甲方慢慢将乙方左手腕翻转，按折其左手背，并将其向头部方向推按，使其肘、肩关节的生理活动幅度超越临界点，产生剧痛，使乙方不能随意翻动(图10-45)。

(4) 甲方身体以右膝为轴心，向右侧转动，随之将左膝跪压乙方头部，两膝内侧夹住乙方右手臂，右手顺时针拧按其手腕(图10-46)。

(5) 甲方使乙方屈肘，甲方右膝从其颈部移开，甲方左手由其小臂下侧插入并抓起上臂，身体重心前移使其肩、肘关节的活动弧度减少到最小。

(6) 甲方左手加紧对乙方别臂控制，右手食指、中指按压乙方颈动脉，并使其身体慢慢向右转体，背部贴靠于甲方身体，命令其慢慢站起(图10-47)。左手别臂时，务必使其肘关节顶于甲方胸口部，右手扣抓乙方颈动脉时向甲方身体方向用力拧翻，防止乙方突然挣脱。

图10-45　　　　　　　图10-46　　　　　　　图10-47

(7) 当乙方站立与甲方肩部同高时，甲方左手迅速向乙方右肩膀拧乙方颈部，右手别臂控制其右手(图10-48)。

图 10-48

2. 动作要领

抓臂、提裆动作须迅速有力，跪肩、折腕动作须快速、准确，跪压折臂动作须控制牢固。

四、后抱腰顶摔控制

1. 动作说明

(1) 当乙方在前自然行走时，甲方从其右后方跟上并接近。双手快速抱住乙方的膝盖并向后拉，左肩前顶其臀部，使乙方向前俯卧倒地(图10-49)。

(2) 乙方倒地后，甲方迅速转向乙方背部右侧，左腿跪压，右腿屈膝跪立，左手快速按压其后脑勺，右手抓起乙方的右手腕(图10-50)。

图 10-49

图 10-50

(3) 当乙方因后脑勺被按压后头部上翘的瞬间，甲方左手由其下颚下侧插入锁住其颈部，左脚迅速屈膝跪立，同时将其右手后拉至其大腿根部内侧，使乙方肘关节成反关节控制(图10-51)。

(4) 曰方左腿跪立，将乙方右手后拉置于甲方大腿根上侧(图 10-52)。

图 10-51   图 10-52

2. 动作要点

抱腿顶摔动作快速有力，压头锁颈、拉臂跪立动作须连贯协调、控制稳固。

第四节   夺凶器技法

夺凶器技法有以下几种。

一、夹臂压肘开匕首

(1) 动作说明：当对方右手握匕首以劈刺手段刺来时，用"V"形手上防，抓住对方的右手腕部，沿顺时针方向旋拧；同时上左步，再插右步，向右后方转体 180°，用左臂夹住对方右肘向下压，随即用右手扣抓回搂对方右手腕，卷腕成俯身控制。

(2) 动作要领：全套动作要迅猛，扩臂、转体、夹压肘关节几个连续性动作要配合完成，注意全套动作的准确性，且须协调一致。

二、外掰拿夺匕首

(1) 动作说明：当对方右手握匕首向甲方头面部或胸部直刺来时，甲方迅速向左侧闪身，用左手抓住乙方右手腕部，右手同时由下向上抓住乙方右手腕的小指外一侧，两手合力翻拧其右前臂，此时乙方因右臂疼痛难忍被拿住。

(2) 动作要领：甲方左手抓住乙方右手腕部与右手由下向上抓握乙方右手腕部的动作要配合好，翻拧其右前臂时，用力要协调一致。全套动作要快而突然，要掌握好进攻的时机。

三、别臂压肩夺匕首

(1) 动作说明：当乙方用匕首刺来时，甲方后闪，左臂前伸，用"X"形防守，迅速顺乙方右腋下前插，并屈肘缠绕别住其右臂；同时上左步，撤右步，身体向右后转，将乙方右臂反卷别于背后，右手用力下压乙方右肩，将其拿住。

（2）动作要领：全套动作要连贯、准确，掌握好进攻的时机；别其右臂与下压其右肩的动作要迅猛有力、干净利落。

四、铲膝扳颈夺匕首

（1）动作说明：当乙方用反手平刺法向甲方刺来时，甲方迅速用右手搂抓，同时上左步向右转体躲闪，用右脚铲踢乙方右腘窝处，并用左手搂住乙方颈部，向左后方用力掰拧，右手抓住其右腕向后猛拉，用右侧髋部顶住乙方的右肘，将其拿住。

（2）动作要领：闪身抓腕的动作要快而准确，铲踢右腘窝的动作要有力且迅猛；左手扳颈要与右手抓右腕向后猛拉的动作配合好，要协调一致。

五、圈臂肘击夺短棍

（1）动作说明：当乙方右手持短棍由上向下砍击甲方头部时，甲方左臂迅速由里向外格挡，上右步，左臂顺势圈住其右臂，同时屈右臂，用右肘扫击其头面部，使其丧失抵抗能力。

（2）动作要领：甲方左手圈、搂住乙方右臂的动作要迅猛准确；甲方右肘击打乙方头部的动作要及时有力；甲方左腋要夹紧乙方右手，使之不能活动。

六、拉臂顶肘夺短棍

（1）动作说明：当乙方右手持短棍由上向下劈击甲方头面部时，甲方迅速向右前方闪身，左手上架，顺势用左手抓握乙方右手腕部或前臂，并用力回拉，同时用右肘顶击其胸部，使乙方疼痛难忍丧失抵抗能力。

（2）动作要领：甲方左手抓握乙方右手腕或前臂、用力回拉与右肘顶击其胸部的动作要同时进行。

七、折腕踢裆夺短棍

（1）动作说明：当乙方右手持短棍劈击甲方头部时，甲方迅速用右前臂上架，顺势抓住乙方右手腕部，左手配合右手动作抓紧其右前臂，两手用力回折，使其右手腕关节小于90°，同时起右腿猛踢其裆部而制服他。

（2）动作要领：甲方右手与左手抓紧乙方的腕关节用力回折时，要使乙方右手腕关节小于90°，并使其指尖向下；甲方右脚踢击乙方裆部的动作要准确而有力。

八、托臂踏膝夺短棍

（1）动作说明：当乙方右手持短棍由上向下击来时，甲方迅速向左闪身，躲过棍击，顺势抬右臂上架并拢、抓住乙方右手腕，用力旋拧并向下压，同时左手托握住其右肘向上抬，起左脚横踏其右外侧，使乙方其失去抵抗能力而被擒住。

(2) 动作要领：甲方右手旋拧下压与左手托肘的动作要协调一致地用力，且用力点要准确；左脚横踏右膝的动作要突然、迅猛。

九、夹臂拧腕夺菜刀

(1) 动作说明：当乙方右手握菜刀庄上向下向甲方劈来时，甲方立即向左闪身，上左步，同时左手顺势由上向下抓住其右手腕处，左肘迅速上抬，用力夹住其右臂，左脚后插绊住其右脚，使其难以转动，右手由外侧抓住其腕关节，两手合力旋拧，使乙方被拿住。

(2) 动作要领：甲方上步闪身要快，左手抓乙方右手腕上抬与左肘夹其右臂的动作要掌握好时机，动作要突然、迅速、准确，拧腕要狠而且有力。

▶ 第十一章　教学与训练 ◀

　　"体能就是战斗力"，体能包括速度、力量、灵敏性、耐力和柔韧性。在实用擒拿与体能的关系中，体能是"硬件"，擒拿技术是"软件"，两者相辅相成。擒拿技术训练主要是学会在复杂的擒拿格斗中掌握速招功法的运用。套路训练是身体训练和技术训练成果的体现，力量、速度、柔韧性、灵敏性是必须具备的身体素质。擒拿格斗作为一种技术技能，必须以良好的专项身体素质为载体才能发挥技术技能的作用，充分展现技术技能所产生的效果；若没有良好的专项身体素质，再好的技术动作也变成了花拳绣腿。本章简单分析了擒拿的架构和对体能训练的要求，并配以科学的教学方法和训练指导，实现教学和训练科学有效的结合。

第一节　教学与训练原则及其运用

　　开展擒拿格斗训练，既可达到平时健身、用时防身，又可从根本上解决体质较差，易受一些不必要的伤害等问题。熟练有效的技术动作，精湛的技术技能是反复刻苦训练所获得的。长期性训练，不仅可以使技术不断得到巩固和提高，而且在意志品质上也可得到培养和锻炼。擒拿格斗训练是非常艰苦的，要掌握过硬的擒拿格斗技术，必须要有坚强的意志，同时需要在科学的指导下学习，才能全面提高擒拿格斗水平。

一、自觉积极性原则

　　在教学与运动训练过程中要使运动员深刻认识参加学习和训练的目的，自觉积极地进行学习和训练，进行独立思考，创造性地完成学习训练任务，在格斗教学与训练中，须要贯彻自觉意识和积极性原则。

　　首先明确学习与训练的目的，积极开展格斗运动是为了增强体质，培养勇敢顽强的精神和防卫自身的技能，提高格斗运动技术水平，并通过国际交往来发展与各国武术界朋友的友谊。

　　只有明确了学习的目的，才能更好地调动起学习积极性，也能更加自觉地参加学习与训练。

二、直观性原则

　　在教学与训练过程中，通过对学生和运动员的视觉、听觉、触觉等各种感官系统的训练，建立起对技术动作的表象获得感性认识，从而增强对相关的运动知识、技术和战术的理解，此为直观性原则。

(1) 正确地讲解与示范。这是使学生和运动员通过听觉、视觉和触觉的直观感性认识来获得动作的正确概念的基本手段。可通过技术图片、图表和幻灯、电影、录像等电化教育手段，进一步从不同的技术侧重点和细节去观摩学习。另外，对于不同的技术风格和特点及战略、战术在实践中的应用，仅凭教师的讲解示范是不够的，还需要通过观摩来分析技术录像、电影才能获得正确的完整概念。

除此之外，教师还可通过观摩练习、正误对比、参观比赛等方式来分析技术，使学生们分辨动作的正确与错误、长处与短处，以便帮助他们从不同角度不断完善正确的技术概念。

(2) 积极调动运动员对学习训练的兴趣。武术基本功和格斗基本动作，以及技术、战术的训练是长期和艰苦的，有时甚至是枯燥的。但是，为了圆满完成这一学习任务，在学习训练的内容、手段和方法上不能是千篇一律的，而应是生动活泼、形式多变的。只有这样，才能引起他们的兴趣。如训练头部闪躲技术，既可让教练员(助手)戴拳套冲击运动员头部，也可用排球等投击，或使用拳击躲闪球等。用球击头，距离可远可近，击中后不太疼痛，这样可以克服运动员怕打的心理，比单纯用拳击打头部容易引起兴趣。对于需要千百次重复的某些练习，如打、踢沙包，可以在运动员之间采取互相比赛的形式计算踢打次数，而且要向运动员讲清完成这些练习对近期和远期训练目标的重要性，启发他们对训练的自觉性。

(3) 让学生和运动员了解教学、训练的任务和要求，树立师生共同完成任务的信心。对于大学生和高水平运动员，要让他们参与教学和训练计划的制订，使他们明确为了达到教学训练目标而需要付出的努力，从而完成任务，必须要做出刻苦学习和训练的思想准备。还应使他们知道每周、每次课的计划进度和要求，启发他们如何与教练员协调配合去共同完成学习和训练计划。对于少年运动员，更要注意启发式地讲解，培养他们勤于思考的能力，并多鼓励，多采取比赛形式组织练习，让他们从始至终在生动活泼的气氛中完成训练计划。这对调动他们学习和训练的积极性有着重要的作用。

(4) 在制定教学、训练任务，选择训练内容、手段以及安排运动量时，均要符合学生和运动员现有的运动水平。如果难度过高，在经过很多努力后仍完不成预期指标时，就会挫伤学习和训练的积极性；同样，难度过低或过易，训练和学习毫不费力，没有追求目标，也引不起他们学习和训练的兴趣。正确的任务和实施计划是他们通过一定的努力后能够完成，然后再提出新的任务和计划。当新的任务完成之后，再提出新的任务和计划。并且，不断地提出新指标、新任务，从而使他们保持学习和训练的强烈愿望和进取心。

(5) 定期进行阶段总结和考核，培养学生和运动员自我分析的能力。在教学中，每一次教学重点内容完成后，都要进行小结；每阶段和学期教学任务完成后，都要进行考核。在训练中，每周要有小结，每月和几个月都要有阶段总结、测验，必要时可以结合录像。通过总结、考核、测验、看录像，使他们看到自己的训练成果和进度，进一步促进他们的坚定信心和学习热情，以提高他们学习、训练的自觉性。同时也帮助他们能找出差距，分析存在问题的原因，并找到解决问题的办法，从而主动积极地参加下一阶段的学习和训练。综上可知，师生目标应一致，这样才能共同搞好教学和训练。

(6) 在学习和训练的不同阶段，运用不同的直观手段。在开始学习动作和纠正错误时，听觉和视觉的直观作用比较大；初步学会了动作，进行反复练习提高时，就要运用肌肉本体感觉的直观手段；已经基本掌握动作，进一步巩固提高时，可较多地运用传递信息的手段。如学习前蹬腿这个动作，当他们进行反复练习时，较容易出现挺膝无力、膝关节屈膝的问题，这时可以让他们重点体会膝关节绷紧挺直的肌肉感觉；当他们已基本掌握这个动作并进一步提高动作劲力时，如再出现屈膝现象，就可以运用口令、手势和各种传递信息的手段引起他们注意并纠正。

(7) 运用直观手段要适合学生和运动员的特点和水平。对不同年龄和水平的学生、运动员，采用直观手段的深浅程度应有所不同。如对水平较高的，可以采用局部技术示范、重点动作进行讲解；看电影、录像时，多进行分析、对比；对新手和少年运动员应该精讲多练，语言要浅显易懂，示范时要将完整示范与分解示范模式相结合，还可以通过图表、幻灯等直观手段，让他们理解和掌握。

(8) 将直观手段和启发积极思维结合起来。各种直观手段的采用，一般只能建立起动作的表象，而要掌握动作，形成正确的技术概念，达到理性认识，就必须通过积极的思维，因为感觉到了的东西我们不能立刻理解它，只有理解了的东西才能深刻地感觉它。要理解就要思维，所以在运用各种直观手段时，教师要善于启发学生和运动员的积极思维，通过分析、对比、提问，加深他们对动作的理解，再经过反复练习，掌握动作，从而提高质量。

三、区别对待原则

区别对待原则是指在教学与训练过程中，要根据学生和运动员的个人特点，有针对性地确定训练任务、选择方法、手段和安排负荷。

(1) 应根据学生的年龄、性别、身体素质、技术水平等，在教学与训练中因人施教，区别对待。只有这样，才能收到良好的效果。如对少年儿童，要着重学习套路基本功和格斗基本动作、组合动作，通过教师、对手的"喂""带"做一些较简单的攻防组合练习。对于一些功力练习、大强度力量练习和实战，要掌握适当。因为他们正处在生长发育时期，不注意以上要求，容易出现伤害事故，甚至影响他们的正常发育。对于适合进行格斗学习的青壮年人，从目前我国开展这一项目的时机情况来看，基本分为两种情况：一种是从事多年武术套路训练而无实战基础的，他们的武术基本功协调性比较好，而抗击打能力、拳脚的功力和实战经验比较差。因此，要加强克服弱点后再进行学习与训练，特别是应着重提高他们的应变能力。另一种是身体素质好、速度快、爆发力强、勇敢顽强、喜爱格斗运动，但缺乏系统的武术基本功和格斗基本训练，对于这种类型的学生，要加强武术套路的基本功训练，特别是腿功、摔法的训练，同时提高其专项身体素质。对于参加学习的女子，应使她们理解具有防身自卫能力是一个女子参加社会生活的基本技能之一。在她们的学习与训练中，要注意由易到难、循序渐进、加强抗击打能力和力量性训练，培养她们勇敢顽强的精神，克服惧怕的心理。女子例假期间的练习，则应合理安排。

(2) 在全面理解学生和运动员的基础上，制订出充分反映全队目标和个人特点的训练计划。训练计划，既要有对全队的总要求，又要有对个人的不同要求。对重点学生和运动员还要制订专门的计划。这样训练计划中规定的任务，所要达到的指标、内容、方法和措施，就能更加切合实际。在训练课上既要以全队集体训练为主，也要经常安排一些针对性较强的个人训练内容，因为每个人在技术、身体素质等方面都各有长处和短处，如有的拳法灵活而腿法较差，有的力量较强而柔韧性较差。因此，个人训练计划应针对个人情况扬长补短，提高训练效果。另外，还要注意对尖子学生和运动员的重点培养，但不能因此而忽视对一般学生和运动员的训练，否则会挫伤大多数队员的积极性，带来不利影响。

四、系统性原则

教学与训练的全过程从初级到高级，到出现优异成绩，都应按照一定的顺序，持续地进行训练，此即为系统性原则。

(1) 格斗教学与训练的系统性，体现在教材的内容和教学步骤上，应当是从简到繁，从易到难。一个新手或一个没有技术基础的新队，从事格斗的教学和训练，首先要训练与格斗有关的武术基本功，然后再学习格斗基本技术，在以上动作熟练掌握并通过反复操练后，再学习在实战中的应用；在单个动作运用自如的基础上，再进一步学习组合动作；当达到一定技术水平之后，再进行战术的教学分析。

在专项理论的讲授上，首先要讲授格斗的概述，使学生初步理解格斗的发生、发展、特点和作用等；然后再介绍格斗的技术内容和技术分析；最后讲述格斗的教学与训练、竞赛和裁判法。这样，从技术到理论有机地结合起来进行系统的教学与训练，才能使学生全面理解和掌握格斗技术和理论。

(2) 在教学、训练中，要不断地坚持常年训练，以保证学生和运动员机体所产生的一系列适应性的良好变化，使身体素质、技术、战术、意志品质等良好影响得到逐步积累，直至达到其最好成绩。

系统训练，还包括科学地安排间歇和调整时间。严重伤病会使训练中断，所以在训练中要采取有力措施来防伤、防病。

五、一般训练与专项训练相结合的原则

任何运动项目，要想训练出优异的成绩，不能只进行专项训练，而必须将一般训练与专项训练相结合。一般训练可为专项成绩的提高打好基础，专项训练是为了创造优异的专项运动成绩，两者在训练中的目的一致，不可分割。

(1) 格斗对人体的柔韧性、速度、力量、协调性、灵敏性等身体素质要求比较高。在整个格斗技术的学习、训练过程中的，必须通过多种一般身体素质的训练方法、手段来提

高身体素质，为专项训练打下坚实的基础。

当然，强调了一般素质训练，并不是说专项素质和技术训练不重要。恰恰相反，在身体素质训练的基础上，还要扎扎实实地进行专项技术训练，才能把一般素质、专项素质转化成格斗的技术水平。而且格斗运动中的距离、时空、虚实、战术等，在身体训练中是解决不了的，只有通过系统的格斗技战术训练，才能掌握这些实战技能。

(2) 一般素质训练的内容和手段，既要全面又要结合专项。因为一般素质训练的目的是有效地提高身体各器官系统的机能，发展格斗所需的速度、力量、灵巧、耐力等一般素质，从而促进格斗水平的提高。因此，选择的训练内容和手段，应紧紧围绕格斗运动所需要的身体素质，比如通过 60 米、100 米跑提高速度，通过哑铃、杠铃训练提高力量，通过足球、乒乓球活动提高协调性、灵巧性，通过中长跑提高耐力等。

(3) 在实际教学与训练中，根据学生的不同情况和训练时期，身体素质训练和专项技术训练有不同的侧重。比如武术基本功和基本动作水平较高的学生可以侧重于格斗专项训练；对于一般素质较好，但武术基本功和基本动作水平较低的学生，则应侧重于武术基本功和基本动作训练，从而提高专项素质的水平。又如，在训练计划的训练时期，可以多进行一般素质、专项素质的训练；在比赛前期，则应侧重于专项技术训练和战术训练。

六、合理安排运动负荷的原则

在教学和训练中，只有根据任务、训练对象水平科学地、合理地安排运动负荷，才能获得良好的效果。

(1) 在教学与训练过程中，要逐步并且有节奏地加大运动负荷，直至达到极限负荷。只有这样才能最大限度地刺激机体，使其产生较好的适应性变化，使运动员的技能和技术水平不断提高，达到最佳竞技状态，从而取得优异成绩。如果运动负荷不是逐渐加大，机体适应过程不是逐渐提高，而是均停留在原有的水平上，则其体能和技术水平就不会逐渐提高。

(2) 在安排训练负荷时，要注意负荷与恢复的关系。一是要逐渐加大负荷，学生和运动员才能逐渐适应。若突然加大负荷，不但不能适应，还会使运动员出现运动创伤和影响身体健康的情况。二是加大运动负荷要有大、中、小节奏的变化，一成不变的负荷，不但效果不好，而且还会影响学生和运动员的训练情况。他们承受一定的训练负荷后，必须有一定的休息恢复时间，借以消除疲劳，从而产生疲劳—恢复—超量恢复的过程，否则承受运动负荷后，得不到恢复，疲劳的积累会出现过度训练造成技能和技术水平的下降。休息时间的长短，需要根据具体情况来定。一般来说，训练课的负荷越大，需要恢复的时间越长；训练水平越低，需要恢复的时间越长。

(3) 不同训练时期，运动负荷的安排也应有所不同。如训练的过渡时期，主要任务是进行恢复调整，这个阶段需要安排小负荷，使学生和运动员的精神、体力得到充分恢复。在训练的基本时期，他们的身体素质和技术水平需要不断提高，这时的训练负荷需要有节奏地逐渐加大。赛前期的训练，为了迎接紧张激烈的比赛，需要加大负荷量至极限，训练强度要大，但在这个时期，特别要注意恢复和调整课的安排，如课间的休息要适当延长，安排一些游泳、球类和室外运动，借以运动员的调整情绪和体力。有条件的还可配合医务监督，及时了解和测定他们的生理、生化指标，预防过度疲劳的出现。

七、从难、从严、从实战出发的原则

(1) 从难：格斗运动是激烈的对抗项目，在训练中，自始至终必须贯彻从难、从严、从实战出发的原则。例如，练武术基本功来提高腰腿柔韧性，就格斗技术来说，对此要求能踢到头的高度；但平时训练绝不能满足于这一点，还要练劈前后叉、横叉、前扳腿、侧扳腿，向前、向侧、向后踢腿都要超过头的高度。只有进行这样严格的训练，腿才能运用自如。我们知道，在实战中打一拳，在平时训练要打几百拳、几千拳；实战中踢一腿，在平时训练中要踢几百、几千腿。又如，若在比赛中戴8盎司、10盎司的拳套，在训练中就要戴12盎司、甚至更重的拳套；实战中打三局，局间休息一分钟，在平时训练中可以打五局，局间休息半分钟。总之，平时训练的强度、密度要求都要高于比赛时，这样才能适应比赛时的要求。

(2) 从严：在教学和训练中，首先表现在对练习数量和质量的严格要求。只有一定的练习数量，才能提高动作的质量。在完成一定数量练习的基础上，又要对练习的质量严格把关，从基本功到每一基本动作都严格要求；技术要点、用法、时机、变化等都要保质保量地按训练计划完成。另外，对训练作风、上课纪律等也应严格要求，这样才能保证高质量地完成教学任务与训练任务。

(3) 从实战出发。格斗运动本身就是对抗性的实战项目，因此在教学和实战中，每一个基本动作都要从实战的需要出发去考虑，而且要在实战中去检验。一切不符合实战要求的花架子都应予以剔除。例如，两手在平时姿势中的位置，一般应一手放在胸部前方，另一手放在颔下。但有些新手平时训练时还能保持这个姿势，一临实战，就顾不到而将手松垂下来，这样很容易被对手抓空击中胸部。这时应总结实战中被击中的原因，加强实战防守姿势练习，建立正确的动力定型。

另外，为了适应比赛的需要，盛夏虽然炎热，但也要穿戴全部护具，以进行适应性的训练。为了适应中午比赛或晚上比赛，要在中午和晚上安排训练，或在短时期内一天安排三次教学比赛，以适应有时一天安排三场比赛的需要。

第二节 擒拿格斗教学与训练

一、擒拿格斗技术的教学步骤

在教学过程中，无论是单个基本动作，还是完整的技术活动，以及几个技术动作组成的组合动作，都要分"学会""喂、引""反复""实战"四个步骤来完成。"学会"和"喂、引""反复"是教学的过程，能在"实战"中运用是教学的最终目的。

1."学会"动作

通过教师的示范和讲解,使学生和运动员理解和掌握动作的规格要求(包括手型、步型、身体姿势等)、运行路线(手法、腿法、身法等)和攻防用法。通过反复练习和不断地纠正错误动作,使练习者正确、熟练地掌握技术动作。

2."喂、引"动作

"喂"即给学生和运动员做假设性对手,根据他们学习动作的需要来给予喂递动作。如学习防左格挡的动作,在他们基本学会这个动作进一步练习使用时,教师或助手要由慢速逐步过渡到快速去给喂递右贯拳,使其反复不断地做防左练习,直至在正常实战速度情况下能准确有效地完成这个动作为止。"引"是在攻防组合动作中,为了使学生掌握对手出击的时机、方位、距离而应急引发出的反应动作。如为使学生和运动员抓住对手击腿后将腿着地的刹那起腿还击的时机,要用各种腿法佯攻,从而引发其掌握时机做出反应动作。"喂、引",是教学训练中的重要步骤。学生和运动员能否把学会的招式在实战中应用,主要在于教师的"喂、引"教学方法是否科学、合理而有效。

3."反复"训练

即反复训练的方法。武术界流行的"拳打千遍,身法自然"这句谚语,说明只有重复练习,才能熟能生巧。有的人刚学会一些擒拿动作就不想练了,这样基础不牢固,也就不可能更好地应用。

4. 实战运用

实战运用是学习训练技术动作的最终目的。通过"喂、引",先使学生能够把所学的动作作用于条件性的实战。例如,指定甲方进攻,乙方只能防守反击,这是实战运用的初步阶段。真正的实战,情况千变万化,战机稍纵即逝,进、退、攻、防、距离、时空、对手的高矮强弱等,都对动作的运用起着一定的影响。若想在这种复杂情况下,灵活自如地应用所掌握的技术动作,只有在指导下反复实战去练习,去分析总结,不断地提高运用技术动作的能力。

二、擒拿格斗教学与训练法

1. 讲解教学法

擒拿格斗教学,始终都离不开教师的讲解。讲解和示范是使学生形成正确动作概念的基本方法。讲解应当简明扼要、形象生动、重点突出。在进行技术教学时,讲解的过程和内容如下:

(1) 讲解动作的名称。讲解按动作结构起的名称,如"上步打架"或传统形象化名称"迎门炮(锤)"的内容含义。

(2) 讲解动作的规格要求和运动路线。如对该动作的手型、步型、身体姿势,以及手法、腿法、步法的起点、止点及运行路线的要求等。

(3) 讲解动作的攻防用法。分析动作的攻防距离、力点以及实战运用的时机。

(4) 讲解动作的易犯错误。练习前使学生了解容易犯的错误动作，提高学生对正确动作与错误动作的识别能力。

(5) 讲解动作的关键环节。这些关键环节要着重进行讲解分析，以便学生能尽快地掌握动作。

(6) 讲解动作的练习方法。练习方法包括练习的步骤、对手搭配、队列的组织形式，以及练习的组数、强度等。

讲解动作的方法有：

① 简明扼要，边讲解边示范。

② 形象化讲解。利用形象化语言，如冲拳"快如流星"等，使学生理解冲拳的速度和劲力。

③ 口诀化讲解。有时把一个技术动作的要领编成简单的口诀来进行讲解，会使学生更容易理解、便于记忆。

④ 单字化讲解。为使讲解的语言简练易记，可以把词句单字化，如讲垫步、踹腿时，可以把后腿蹬地、前腿屈膝及随后的展髋、伸膝、踹腿过程归纳为"蹬、屈、踹"三个字。

⑤ 启发式讲解。可以围绕动作的技术要点先提问或先做示范，让学生自己分析动作要领，启发学生主观思维，最后作归纳性讲解，这样会使学生对动作的理解更为深刻。

2. 示范教学法

示范是使学生通过直观观察认识动作的概貌、要点的基本手段。示范的内容有：

(1) 正确动作的示范。为了使学生对动作建立正确的概念，在学动作之前，配合讲解，必须做正确动作(包括手型、步型、身姿的规范，手法、腿法的运行路线，以及攻防用法等)，做示范动作应姿势规范，动作协调，发力充沛。例如，侧踹腿，教师的示范动作要站得稳、踹得高(高至面部)，发力清脆出声。这种高质量示范，不仅能使学生和运动员建立正确的动作概念，还能提高他们的学习兴趣和训练热情，每个动作建议示范一到两次。

(2) 完整与分解示范。对于简单的动作，一般做完整动作示范；对于结构复杂或由两三个动作组成的组合动作，除完整示范外，还要做分解动作示范，以便学生对每个动作过程及技术细节进行观察和理解。

(3) 合理节奏动作示范。有的动作正常完成的速度很快，为了便于学生观察学习，需要放慢速度示范，或把动作的关键环节慢速示范。在整个训练过程中，教师应反复做示范；慢速、中速、快速示范；突出某一技术环节示范，以及错误动作纠正示范，等等。

(4) 易犯错误动作的示范。使学生通过对比，对正确动作建立深刻的概念，在练习中避免错误。

(5) 合理的示范位置。位置的选择，是以全体学生清楚地看到教师的示范为原则。以学生站成四列横队为例，教师可以在横队的等边三角形的顶点做示范。为了使后两排学生和运动员看清动作，可以安排前两排学生坐下或蹲下；也可以安排前两排的学生向后转并后退几步，中间留出一定的空地，教师站在中间空地上做示范。如果学生和运动员站成两列横队练习，还可以让他们站成半圆弧形，教师在中间做示范。

(6) 示范面的运用。示范面有镜面示范、背面示范、侧面示范以及不同角度的斜面示范，为了让大家看清动作的规格要点，根据不同动作的需要，可采用不同的示范面。同一个动作也可采用几个示范面。例如，从左实战姿势开始做的上步左架右冲拳，为了让大家看清左臂上架的运动路线及高度，右冲拳的高度可做镜面示范；为了让他们看清左实战姿势的规格要求和上步与右冲拳的协调配合，可做侧面示范。总之，为了让学生和运动员看清动作的规范要领，须灵活选择和运用示范面。

讲解与示范是不可分割的，通常是两者密切结合起来并灵活运用，可先讲解后示范，或先示范后讲解，或边讲解边示范。一般来说，对初学者主要采用精讲多示范的方法，对水平较高的则主要采用讲解分析。

3. 完整和分解教学法

擒拿格斗的攻防技术是由单个的攻防动作和组合动作构成的。为了使学生和运动员了解动作的全貌，形成动作的完整概念，一气呵成地掌握动作的整体，对于简单的技术动作，如某拳法、腿法、步法，或不能分解的较复杂动作，要采用完整法组织练习。对于较复杂的组合动作或腾空跳跃、跌扑滚翻动作，完整练习比较困难，这时就必须采用分解法。例如，从左实战势开始的左冲拳—垫步蹬腿—落步接左右冲拳，这一进攻组合动作，可以把它分解为左冲拳、垫步蹬腿、落步冲拳三个分解动作。通过反复练习，能较正确地掌握这三个分解动作后，再进行完整练习。在分解练习时，可以较细致地纠正动作的规范、运行路线、力点，再通过完整练习来改进动作的衔接。这样不但能保证组合动作的质量，还可增强学生和运动员掌握组合动作和高难动作的信心。

应注意的是，分解教学法不宜将动作分解得过于琐碎，而且在学生和运动员通过分解教学初步掌握动作之后，就应尽快地向完整动作过渡。分解教学法和完整教学法应有机地结合起来运用，一般要采用完整—分解—完整的教学过程。开始的完整教学可初步给学生和运动员一个完整动作印象，通过分解教学可使他们看清和学会动作的细节，然后再通过完整教学让他们掌握这个难度较大的动作。完整练习与分解练习应紧密结合，有分有合，但分是为了合，这一点必须明确。

4. 组织练习

通过讲解和示范，完整和分解教学使学生和运动员初步学会动作之后，就要组织反复练习，以使他们能正确地巩固和掌握动作。在练习过程中要不断地巩固正确动作，纠正错误动作，逐步形成正确的动作定型。组织学生和运动员练习的方法，通常采用下列三种：

(1) 集体练习法：即在教师领做和口令指挥信号指示下集体练习。领做也是示范的一种形式，要注意示范面、示范位置的合理选择。口令指挥时，口令要短促、洪亮，还可穿插进行简单扼要的讲解提示。

(2) 分组练习法。在学生和运动员初步掌握动作之后，可以进行分组练习。分组练习可以使他们在组内研究分析、互教互学，把动作分析得更细致。还可以组织各组之间互相学习观摩、取长补短，充分发挥他们的主观能动性。但教师要注意，各组的小组长要指定那些练习认真负责和技术掌握较好的学生和运动员来担任(也可以让班内骨干兼任)。各组的成员要把动作掌握较好的和动作不规范的混合编组，以便在组内可以互相帮助。

(3) 个别练习法。在集体练习和分组练习时，教师要注意观察，还会有个别学生和运动员仍不能正确学会动作，这时教师要对他们进行个别辅导，以免掉队。

5. 纠正错误

在组织学生练习过程中会出现各种错误动作，教师应善于及时发现和纠正，否则错误动作重复多了形成错误的动作定型，纠正起来就比较困难。一般易犯的错误及纠正方法如下：

(1) 当有的学生接受能力和动作协调性较差，不能及时跟上教材的进度而出现错误时，教师可以通过个别辅导，耐心地采用分解动作、慢速示范、反复领做等方法帮助学生学习并纠正；或在分组练习时，提示小组长或掌握动作较好的学生和运动员给予个别辅导。

(2) 有的学生和运动员肌肉本体感觉差，若不能很好地控制动作而出现错误，则教师应多强调动作规范和技术细节，用站桩练习和分解练习等方法帮助他们纠正。

(3) 有的学生和运动员由于身体素质较差，若所做动作达不到技术要求，教师则应结合教材内容，适当安排一些专项素质练习。例如，若因速度力量较差冲拳达不到要求，则可适当安排一些速度力量练习；又如，若因柔韧性较差一些腿法高度达不到要求，则可适当安排一些腿部柔韧性练习。这样，可使他们逐步提高身体素质，达到技术要求。

(4) 当有的学生在做一些难度较大的摔法和跌扑滚翻动作时担心摔坏，过分紧张而做不好动作时，教师应采取适当的保护措施，或者可降低动作难度，分成几个步骤逐个练习，以消除学生的惧怕心理，逐步掌握动作。

在组织学生和运动员集体练习时，教师要通过观察，善于抓住共性的错误，通过正确动作示范和错误动作的表达，启发学生和运动员认识、分析什么是正确动作，什么是错误动作，然后集体纠正。在他们分组练习时，教师要及时指出哪些动作正确，哪些动作不正确，以便在组内互相纠正错误。还可以组织小组之间互相观摩，识别正确的动作与错误的动作，从而提高他们的分辨能力，充分调动他们的主观能动性。

6. 重复训练法

重复训练法，是指在不改变动作结构和运动员负荷数据的情况下，按照既定的要求，反复地进行练习，每次练习的间歇时间要保证能使机体基本恢复的一种练习方法。在格斗训练中，重复训练法是最基本的也是最常用的训练方法，贯穿在每一个身体训练、技术和战术训练的始末，它既可巩固提高技术、战术，又可用来提高速度、发展力量、增强耐力。

初学格斗的单个、组合技术动作时，对每次重复练习都应按照严格的技术规范来要求质量，对重复练习的数量和强度不宜要求过高，比如冲、贯、抄三种拳法组合练习，初学时重复练习，先要强调冲、贯、抄每个单一拳法的质量，再注意三个动作的协调配合，甚至为了改进技术细节，还可适当放慢速度，重复练习。当动作基本掌握后，对重复练习来说，不但要求动作质量，对练习的数量和强度也应提高要求。例如，为了提高组合练习的速度，可要求在规定的时间内必须完成练习多少次；为巩固技术定型，可要求在课上必须完成一定的组数和总数量；为了发展力量、耐力，可要求拿轻哑铃或戴手套做多次数和组数的练习，直至力竭为止。

重复练习法中，练习的强度要以学生和运动员所能承担的最大强度为限，练习的间歇时间要充分，要使机体达到基本恢复。一般来说，间歇时间为练习时间的 2～3 倍，如以心率来衡量，一般应在 110 次/分以下。另外，重复训练法是反复练习同一动作或同一组合动作，容易造成单调乏味的情绪，因此在两组练习之间，可以组织些比赛、游戏或其他活动进行调节。

7. 间歇训练法

间歇训练法，是指在一次或一组练习之后，按照严格规定的间歇时间进行休息，在机体未完全恢复的情况下就进行下一组练习的方法。由于它要求机体在规定的未完全恢复的情况下进行练习，即是在进行无氧代谢训练。这对提高机体的机能，尤其是心血管系统的机能、发展速度和速度耐力有较大的作用。

在格斗训练中，为了提高学生和运动员的专项耐力，经常采用间歇训练法。例如，在比赛中，每个回合的间歇大约在 5～8 秒；在平常训练时，可要求每个回合间歇为 3～6 秒，甚至更短些；或者一人坐桩，3～5 人用规定的较短间歇与之实战，以提高其速度耐力、力量耐力。又如，在正式格斗比赛中，每场打 3 局，局间歇 1 分钟；在平时训练中，可规定打 6 局，局间歇半分钟。在赛前训练阶段，为提高专项耐力，这种训练方式是经常被采用的。

间歇训练法的间歇时间，要根据练习的动作数量和负荷强度来合理制定。一般来说，练习的动作数量多、负荷强度大，间歇时间应长些，以心率来衡量，要在心率降到 120～140 次/分时，再进行下一次练习。

间歇训练的负荷较大，对学生和运动员机体的机能水平要求较高，因此使用这种方法要求他们有较高的训练基础，并须配合医务监督。

8. 变换训练法

变换训练法，是指在练习过程中，有目的地变换练习的运动负荷(时间、负重重量、速度等)、动作的组合，以及变换练习的环境、条件等。它不仅对机体产生多种作用，以达到不同的训练目的，还可提高运动员的训练兴趣，避免单调乏味。

在格斗训练中，变换训练法也是常用的训练方法之一。如在拳法训练中，把冲拳和蹬腿交替变换训练，使参加工作的不同肌肉群有劳有逸，可以延长练习时间，避免只限于同一组肌肉群活动而造成疲劳。如只进行冲拳练习，可以持重哑铃做冲击练习，重点发展速度力量；做徒手冲击练习，重点提高冲拳速度；把拳法组合和腿法组合交替变换练习，可使上下肢负担得到调节。在跌扑滚翻训练中，一个高难的跌摔动作，往往先低摔后高摔；先在海绵包上(或垫上)摔，后在地毯上摔。这样变换训练条件，渐渐提高难度的训练，可使学生和运动员克服害怕心理，逐步掌握动作要领，直至最后掌握动作。如在进行身体训练，做纵跳、蛙跳、跨跳时，可走出训练馆，到田径场或环境优美的外场去练习。外场空气新鲜，又换了新的环境，对练习者神经产生良性刺激，可以振奋精神。

在技术训练中，运用变换练习达到训练目的后，应及时恢复正常练习，以避免由于变换训练形成的动力定型与正常的技术规范脱节。

9. 循环训练法

循环训练法，是指根据训练的具体任务，建立若干个练习站(或称点)，按照规定的顺序、路线，依次完成每站所规定的要求，周而复始地进行训练。每站的练习内容、练习负荷和循环的次数，可根据训练目的及学生与运动员的水平合理制定。

循环训练法可用于技术、战术的巩固和提高，但更多的是用于身体训练。它是一种综合形式的练习方法，比较生动活泼，故能提高学生和运动员练习的兴趣和积极性。另外，由于这种训练是全体学生和运动员按要求一站接一站地连续练习，没有不合理的停滞，故可加大训练力度。

在格斗训练中，为巩固提高拳法组合、腿法组合、摔法组合，可以分设代号为 A、B、C 三个站，每站练一个组合，反复练习。

为了训练专项力量，可设甲位打沙包站，乙位踢沙包站，丙位摔布人站，丁为推撞木桩站，然后按顺序反复练习。在进行以力量练习为主的身体训练时，可先设：① 为快速挺举杠铃站，② 为腹肌练习站，③ 为负重深蹲站，④ 为背肌练习站，⑤ 为纵跳练习站，然后再按顺序反复练习。

循环训练法用于身体训练时，通常采用三种方式：一是持续训练，每站之间不间歇，连续循环数遍，主要发展耐力。二是重复训练，每站练习的负荷较大，站与站的间歇和每遍循环间的休息比较充分，主要发展力量和速度。三是间歇训练，每站的间歇时间较短，使机体在没有得到充分恢复下就进行下一站练习，主要用来发展速度耐力、力量耐力和速度力量。

循环训练法是连续进行的。因此，训练内容应是学生和运动员基本掌握的，而且应考虑使身体不同部位的活动交替进行，发展不同的身体素质。为验证循环训练法的效果，不宜经常变动。在训练的开始和结束部分，要分别进行各种指标和数据的测定。

10. 游戏和比赛训练法

游戏和比赛训练法是运用游戏和比赛的方式进行训练的一种方法。游戏和比赛密切相关，许多比赛是由游戏发展而来。

这种方法的显著特点是具有竞争性，可提高学生和运动员的积极性和进取精神。游戏和比赛有相应的规则要求，只有遵守规则、相互配合，才能使游戏和比赛顺利进行。因此，对培养学生和运动员遵守纪律、团结协作和集体主义精神有着积极的作用。这种方法可用于格斗的技术、战术的训练，可用于身体训练，也可用于训练课的准备和结束。在运用游戏比赛时，教师要根据训练任务提出重点和侧重点的要求。如初学后扫腿，为了改进技术，参加训练的 10 名学生和运动员可分成甲、乙两队，每队每次各出 1 人练习，每人在行进间做后扫腿 5 次，统计每队优质完成的总数，多者为胜。

基本掌握了后扫腿后，为巩固提高仍每次每队各出 1 人练习，每人原地做后扫腿数越多越好，直至极限(保持动作的技术规范)，统计每队每人优质完成的数量，多者为胜。在身体训练中比打沙包的数量、比举起的重量、比跑步的速度等方式都可采用。通过比赛都能较大地调动学生和运动员的体能潜力，取得较好的训练效果。又如，为了练习两手的防守能力，可以设计为甲、乙双方，甲为守方，胸前扣一拳头大小的红星或圆包(用布或海绵制作)，只能用于防守；乙为攻方，在随意移动步法中，统计在规定时间内抢摘下红星或圆包的次数。又如，为训练闪躲反应能力，可设计为：全队围成以两臂间隔的圆圈，依次进圈内 1 人为靶，围圈的学生和运动员用球传递投击靶人，靶人可随意跑动闪躲，在规定的时间内，统计击中次数。

　　至于在课程的开始部分，通过游戏可以使学生和运动员精神快速集中，并使机体在愉快的氛围中开始活动，在课程的结束部分，通过一两个有趣的游戏，使他们达到全身放松的效果。这都是在训练课中经常运用的有效手段，特别是对青少年效果更佳。由于游戏比赛趣味性浓厚，竞争激烈，他们为了取胜往往情绪激动且兴奋，体能消耗较大。因此，应做好赛前必要的准备活动。教师也要根据训练的任务掌握好运动负荷量和结束的时机，以免因游戏比赛的负荷过大，影响计划和训练任务的完成。

第三节　训练计划及其制订

　　"凡事预则立，不预则废"。一个格斗队从组队开始，在少则几个月，多则几年、十几年的时间，通过周密的、科学的训练活动安排，即训练计划的制订，可把训练的总目标具体化为一些独立而又彼此联系的训练任务和形式，并进一步具体化为若干按特定要求进行的练习。运动员认真逐个地完成这些练习，实现各次训练课的任务和要求，就会逐步接近直至完成总的训练指标。

　　制订训练计划的依据是运动员的具体情况(身体素质和技术基础)，可能的训练时间和指标要求。就运动员的具体情况而言，目前格斗运动员的大致情况有三种：一是有一定的武术基本功和套路基础但缺乏实战经验；二是有一定的拳击、摔跤基础但未系统接受过武术基本功和套路训练；三是既有武术基本功和套路训练基础也有一定的实战经验。据此，在制订训练计划时须要有不同的安排。如从基础训练来分析，对于第一种情况应着重加强格斗基本动作和速度、力量的训练；对于第二种情况则应弥补一些武术基本功和基本动作的训练，重点提高腿法的柔韧性和动作的协调性；对于第三种情况，则应在加强全面技术训练的同时，重点安排一些解决技术薄弱环节的训练。

　　制订训练计划以教练员为主，也可以让运动员参加某些环节和措施的讨论。这样教练员、运动员共同了解，认识一致，目标一致，实施步调才能一致。通过一定时间的训练，教练员和运动员共同总结、调节训练计划，这对提高运动员的训练积极性是必要的。

　　训练计划一般分为：多年训练计划、年度训练计划、阶段训练计划、周训练计划及训练课计划五种。

一、多年训练计划的制订

　　多年训练计划，是指一个队组建以后经过两年至十几年的训练时间，使运动员的技术水平达到竞技高峰直至退役。多年训练计划可分为全过程多年训练计划和区间性多年训练计划。

(一) 全过程多年训练计划

全过程多年训练计划是指青少年从入队时间起经过1～2年的基础训练，2～3年的技战术训练，然后进入竞技高峰期参加大型比赛。全过程多年训练计划阶段的划分可参考表11-1。

表 11-1 全过程多年训练阶段的划分

阶 段	主 要 任 务	年 限	训练的重点内容
基础训练阶段	提高素质打好基础	1～2 年	1. 武术基本功训练：腰功、腿功、臂功、桩功。 2. 基本运动素质训练：力量、速度、协调性、耐力。 3. 基本动作训练：基本拳法、腿法、步法、摔法
技战术训练阶段	提高格斗实战能力	2～3 年	1. 提高专项运动素质和抗击打能力。 2. 掌握格斗进攻和防守技术、战术。 3. 有关技术理论知识。 4. 专项心理素质
竞技高峰期	达到参加大型比赛的能力和创造优异成绩	2～3 年	1. 巩固和发展身体素质。 2. 掌握攻、防组合技术。 3. 提高分析、判断和应变能力。 4. 提高战术素质。 5. 提高赛场竞技能力。 6. 专项心理素质。 7. 专项理论知识

(二) 区间性多年训练计划

区间性多年训练计划是指两年以上根据某一特定任务而制订的训练计划。例如，对业余体校运动员在基础训练阶段所制订的计划，任务是经过几年的训练达到向优秀运动员队伍输送的水平。对优秀运动员参加两届全运会之间的四年训练计划，任务是在下一届全运会上创造优异成绩。对大学生运动员，四年学习期间的训练计划或部队战士3～5年服役期间的训练计划都属此类。

区间性多年训练计划的区间年限是固定的，制订计划的依据主要是运动员的基础情况和任务指标。参加区间性多年的格斗运动员有的处于多年训练全过程的最佳竞技阶段，有的处于技战术学习提高阶段或竞技水平保持阶段，因此，对于他们的训练内容、手段、负荷安排要周密细致，既要有全队计划，又要有区别对待。这样才能保证不同情况的运动员都能达到预定的训练目标。

二、年度训练计划的制订

年度训练计划是多年系统过程的基础组成单位。制订科学周密的年度训练计划，是为了保证多年训练计划的贯彻执行，达到预测训练指标的重要工作。

从每个训练年度在每年训练计划中所处的位置和任务，可以把年度训练计划分为基础训练的年度计划，技战术的年度计划和竞技高峰期的年度训练计划三种类型。根据在一年中比赛的次数(或竞技状态出现高峰的次数)，年度训练计划可以分为单周期年度训练计划、双周期年度训练计划和多周期年度训练计划三种类型。

不论是哪一种类型，年度训练计划都应包括时间阶段的划分，各阶段的训练任务和内容、训练方法和手段、运动员负荷的节奏和调整休息等。竞技高峰的年度训练计划(或有比赛测验的其他类型年度训练计划)要以比赛(或测验)为核心统筹安排，确保在比赛时运动员处于最佳竞技状态，创造优异成绩。例如，已处于竞技高峰期的格斗队，制订一个从冬训开始到次年九月份参加全国格斗擂台赛的单周期年度训练计划，如表11-2。

表 11-2　　单周期年度训练计划

时期	准备期		基本训练期			赛前期		比赛	过渡期
阶段	一般准备		单个技术训练		攻防技战术训练	适应比赛训练	赛前小休		
时间(月)	11	12	1	2	3	4	5	6	7	8	9	10
任务	1. 发展一般素质； 2. 专项素质； 3. 功力练习； 4. 改进个人技术		1. 保持一般素质和专项素质； 2. 熟练掌握踢、打、摔的单个技术及组合技术； 3. 保持抗击打能力		1. 保持素质加强练习； 2. 在条件实战中掌握攻防技术； 3. 提高战术意识； 4. 确定个人绝招	1. 形成最佳竞技状态； 2. 比赛心理调整； 3. 战术应变能力	调整体力	参加比赛	调整休息，恢复体力
方法和手段	1. 跑、跳、球类活动； 2. 武术基本功； 3. 踢、打、摔布人和踢沙包； 4. 分解法改进技术		1. 转向身体练习为主； 2. 有"喂、引"配对的完整技术训练； 3. 功力练习		1. 保持基本功，提高打、踢沙包的强度； 2. 实战—分析—提高	1. 打教学比赛； 2. 超时、超重比赛，提高耐力； 3. 场上独立应变能力	巩固技术、战术		球类活动，爬山游园，文艺活动

需要强调说明的是，赛前实战训练要特别注意防止运动员受到损伤，这时的训练强度较大，运动负荷应适当减小，以避免赛前运动员产生疲劳。另外，在赛前一至两周要注意

调节好体力，以便使运动员精力充沛地参加比赛。处在基础训练和掌握实战技术阶段的年度训练计划，没有正式比赛，但为了提高兴趣，调动运动员的训练积极性，可以在一年中安排一两次测验或教学比赛。现以两个周期的年度训练计划为例，将全年训练计划列表如表 11-3、表 11-4。

表 11-3　基础训练双周期年度训练计划阶段划分及内容安排

月　份	周　期	阶　段	内　容　安　排
11	第一周期	准备阶段	1. 跑、跳、球类、力量练习，发展素质； 2. 提高柔韧性，武术基本功训练
12		基本训练阶段	1. 巩固一般身体素质和专项身体素质； 2. 武术基本功训练； 3. 学习格斗基本动作
1			
2			
3		测验	定出具体指标，并进行测验、总结
4			
5		调整阶段	
6	第二周期	准备阶段	1. 根据测验结果，修订补充下半年训练计划； 2. 素质恢复训练
7			
8		基本训练阶段	1. 一般素质和专项身体素质训练； 2. 武术基本功训练； 3. 学习、训练格斗基本动作
9			
10		测验、总结	测验、外出参观比赛，对比总结

表 11-4　掌握技术、战术双周期年度训练计划的阶段划分和内容安排

月　份	周　期	阶　段	内　容　安　排
11	第一周期	准备阶段	1. 发展一般身体素质，武术基本功训练； 2. 反复巩固格斗基本动作
12		基本训练阶段	1. 抗击打能力练习； 2. 踢沙包、打沙袋、摔布人，提高专项力量； 3. 掌握实战战术、战术的攻防招法。将所学攻防招法进行条件实战
1			
2			
3			
4			
5			
6		局部实战、总结调整	根据总结调整下半年计划，小调休
7	第二周期	基本训练阶段	1. 巩固提高单个攻防基本技术； 2. 攻防实战技术组合； 3. 掌握常用的简单战术
8			
9			
10		比赛	教学比赛，兄弟队之间的交流比赛

三、阶段训练计划的制订

阶段训练计划是年度训练计划的有机组成部分。阶段训练计划若要保证某一阶段任务的完成，必须要具体进行安排，通常以一周为单位安排具体内容，还要考虑到与下一阶段计划的衔接和运动负荷。以两个月的预备阶段为例，可按表11-5所示具体安排。

表11-5　预备阶段训练计划

小阶段	11月份			12月份				
周次	1	2	3	4	5	6	7	8
内容安排	讨论落实计划，少量恢复体力	一般素质训练和专项素质的过渡性训练，恢复个人技术		一般素质和专项素质的正规训练；个人技术正规训练；功力训练				阶段小结，为进入下阶段作好思想准备

在全年系统训练中，有时为了完成某一特定的训练任务而制订连续几周的专门训练计划，如接近赛前期的加量训练计划、赛前期的加大强度的训练计划、临比赛出发前的调量训练计划等。

还有一种临时性的阶段训练计划。例如，目前各省、市格斗优秀运动队还不多，多数单位都是在比赛前一个时期临时组织运动员集训，时间从几周至几个月。在制订训练计划时，应考虑以下情况：对于一直参加格斗系统训练的运动员，要在他们原有训练基础上针对比赛安排训练；对于那些参加拳击或摔跤训练的运动员，则应加强格斗专项技术的训练，并使其实战经验在格斗技术中发挥出来；而对于只有一般体育基础、身强力壮、敢打敢拼，但没有实战经验的新手，则应从格斗基本技术学起，选择一些适合本人具体情况的攻防技术突击训练，并经常从安全、防伤、基本战术等方面进行教育。

在制订阶段训练计划时，应注意要既有统筹安排，又有区别对待，尽管是临时集训，也会取得较好的效果。

四、周训练计划的制订

周训练计划是具体的实施计划，一个阶段训练计划是由若干个周训练计划所组成的。一周的训练计划，又是通过具体周的训练安排去落实。根据训练任务和训练内容，周计划可分为基本训练周、赛前训练周、比赛周和恢复调整周四类。

1. 基本训练周

基本训练周是周计划中主要的一类。年度训练计划和阶段训练计划中的基本训练期，一般要4～30周。通过基本训练周要提高一般素质和专项素质，学习掌握技术、战术及有关的理论知识和运动员具备比赛的能力。执行基本训练周计划时要注意：

(1) 尽管随着训练周的积累增多，运动负荷要逐渐加大，但一周的运动负荷要有大、中、小的节奏变化，使运动员既要承受一定的运动量，又能及时使机体得到恢复和调整，这样才能避免过度疲劳，坚持高效持久的训练。

(2) 训练的内容安排不要太单一，以免枯燥乏味，举例如表 11-6。

表 11-6 训练内容

时　间	上午训练内容	下午训练内容
星期一	素质、基本功战术训练	技术训练
星期二		条件实战
星期三		球类活动
星期四	机动，素质、基本功战术训练	技术训练
星期五		条件实战
星期六	野外素质训练	小结

素质和基本功战术训练比较艰苦单调，技术训练要求精力集中，战术训练要求灵活多变，条件实战则要求精神高度紧张。在周计划的前两天，运动负荷是逐渐加大的，精神负荷和生理负荷是变换调剂的，到星期三作为一个小周期，恢复调整，这样才能保持运动员的训练积极性和持久训练的体力。同时，这种前半周与后半周训练内容基本一致的安排，又叫周训练计划的两段式结构，一般普遍采用此方法。

2. 赛前训练周

一般安排在年训练计划的比赛前期时间为 2～3 周。通过训练周把运动员的技术和战术推向最高峰，使其达到最佳竞技状态准备迎接比赛。赛前训练周的内容是实战，可以分为：① 条件战术实战；② 实战；③ 超时、超局实战。通常超时、超局地实战强化训练可以提高运动员的竞技耐力，以便比赛时有充分发挥技术的体力，但注意要及时恢复和调整。为了赛前能保证运动员恢复和调整好体力，经过几周大强度的赛前训练后，可以考虑安排一个小周期来进行调整；一定要避免运动员在疲劳状态下去参加比赛。

3. 比赛周

在比赛周，运动员处于高度紧张状态，这时一定要注意使运动员的精神放松下来，才能吃得好、睡得安，正常发挥技术水平。如果比赛时间较长，还应在比赛间隙适当安排一些赛间训练，以免体力和技术下降。

4. 恢复调整周

安排在年训练计划的恢复调整局，经过长时间的训练和激烈的比赛，运动员的精神、体力都有很大消耗，要通过 1～4 周进行恢复和调整。这时运动负荷要小，内容安排要丰富多彩，可以在夏季组织游泳、冬季组织滑冰，或参加其他有兴趣的球类活动或文艺活动，以及爬山、钓鱼、旅游等，使运动员在精神和体力上得到完全恢复。

五、训练课计划的制订

训练课是运动训练活动最基本的组织形式，各种训练计划都要通过一次次训练课去贯彻和实施，所以制订好训练课计划，保证每次训练课的质量，是提高竞技能力达到预期训练指标的根本保证。

(一) 训练课的类型

依照训练课的任务和内容可以把训练课分为以下五种类型。

1. 身体训练课

专门的身体训练课大都安排在训练的准备期，通过多种多样的训练内容和手段来完成。例如：长跑、短跑、跳绳、杠铃、哑铃、柔韧性练习、武术腿功、踢打沙袋、垫上技巧、球类活动等发展运动员的一般身体素质和专项身体素质，运动负荷较大。

2. 技战术训练课

技战术训练课安排在基本训练期。主要是学习并掌握拳法、腿法、摔法、步法，以及进攻、防守的各种技术、战术，为各种专项技术、战术训练服务的各种辅助性练习。学习、掌握这些技术、战术的训练课负荷较小；训练、提高这些技术、战术的训练课负荷较大。因为学会一个技术或战术仅是第一步，若要在实战中能运用，则还要经过几十次、甚至千百次的反复练习。

3. 测验比赛课

在一个训练阶段结束前，要通过测验来检查训练结果，并为下一阶段训练安排提供依据。在赛前期训练阶段要经常安排比赛实战训练课，使运动员的精神、体力进入实战状态。格斗是对抗性的项目，在基本训练期的技术、战术训练活动中经常采取有条件的比赛、实战训练，对于提高运动员的实战能力有很大的作用。

4. 综合训练课

在全年训练的各个阶段，综合训练课会经常被采用，如课前的准备活动会安排一些柔韧性腰功训练，接着安排某个拳法、腿法或战术训练，最后安排一些素质训练。这样训练课的内容会比较丰富，也便于运动员心理、生理的调节。综合训练课的运动负荷依照训练课的具体任务而定。

5. 调整训练课

调整训练课在训练的过渡期安排，在一周、一个训练阶段的大运动负荷训练之后也常穿插安排。通过球类比赛、游戏、游泳、郊游等活动，以及医学、生物学、心理学的恢复手段，消除运动员心理负荷和运动负荷所产生出积累的疲劳。

(二) 训练课的任务及内容的确定

训练课的任务及内容是根据周计划的统一要求和运动员的具体情况来确定的。一次课的任务可以是单一的，也可以是综合的。预备期和比赛期的训练课，由于课的训练目标比较集中，单一训练课较多，其他大部分训练课为综合训练课。

一次综合训练课的任务以安排 2~3 项为宜。具体安排要考虑以下几种情况：

从技术方面来说：基本动作→拳法→腿法→摔法。

从素质方面来说：柔韧性→速度→力量→耐力。

从肌肉负担来说：上肢→下肢→全身。

从前后顺序来说：需要将精神高度集中的技术、战术训练安排在前面；耐力练习安排在后面。在体力好时安排速度(如冲拳、踢腿的速度)、力量训练；在体力有些疲劳时安排耐力性训练(如打、踢沙包若干次，连续率布人若干次等)。

不同的训练内容要求不同的肌肉群来参加活动，这样可以使肌肉交替活动和休息，不易疲劳。不同的训练内容对人体的生理影响不同，例如技术、战术训练要求精神系统高度集中，耐力训练精神较为轻松，而呼吸系统及心血管系统负荷较大。因此，科学地、合理地安排综合课的训练内容能有效提高训练质量。

(三) 训练课的基本结构

一般训练课由准备部分、基本部分和结束部分组成。

1. 准备部分

准备部分的主要任务是使运动员的生理和心理进入训练活动状态，时间在 10～30 分钟。准备活动又分为一般准备活动和专项准备活动。一般准备活动的内容可选择队列练习、慢跑、活动性游戏、柔软体操等，达到热身的目的。专项活动的内容可选择武术的腰功、腿功、臂功练习，步法练习，垫上运动和一些格斗基本动作练习，让运动员为进入格斗基本训练作好准备，又可以不断地分析巩固和提高基本动作质量。

2. 基本部分

通逼各种方法、手段实施训练计划中的规定内容，来达到本节训练课的目的，时间是30～60 分钟。如本次课任务是学习掌握上步冲拳、蹬腿和防蹬腿技术。一般是先学习上步冲拳动作，通过讲解、示范，组织单人练习，运动员将动作基本掌握后再学习蹬腿；运动员基本掌握蹬腿技术后再讲解分析，以前蹬腿阻击防对手的上步冲拳为例，这一还击技术基本掌握后再讲解分析冲拳攻击对方时如何预防对方的蹬腿还击，并通过组织双人配对的冲拳、蹬腿攻防练习，去反复实战并掌握。

基本部分任务通常是 2～3 个，如上述课程的三个内容：有上肢的拳法、下肢的腿法和一个攻防组合技术。这种安排肌肉负担互相交替，精神心理可以得到调节，容易提高运动员的训练积极性和避免因单项大负荷练习局部肌肉负担过重而引起肌肉劳损或拉伤。有时两个训练内容之间活动形式差别较大，例如第一个内容是拳法，第二个内容是跌扑技术，在完成第一个任务后再把跌扑的有关准备活动安排一些，然后进入正规跌扑技术练习，这样可以避免不必要的运动损伤。

基本部分的运动负荷在这一节课中是最大的期间运动负荷，一次或几次达到高峰。

若要提高一节训练课的质量，除了要科学地、合理地安排训练内容、方法、手段外，还要注意组织形式、场地器材的运用，以及练习期间运动负荷的节奏。另外，还要注意在课间要制造出高涨的训练气氛，以培养运动员团结互助的思想品德和顽强拼搏的意志品质。

3. 结束部分

结束部分的任务是使运动员从紧张激烈的训练状态逐渐恢复到运动前状态，达到放松和恢复体力的目的，时间在 5～15 分钟，运动负荷由小到零。其内容可选择放松跑、游戏、放松操、互相按摩放松等。研究表明，紧张训练后做放松的活动，体内乳酸的排除速度要比静止休息快约两倍，吸氧量在运动后 10 分钟、血压约需 20 分钟可以恢复到安静时的水平。

第十二章　营养与恢复

随着擒拿格斗运动的飞速发展和竞争的日趋激烈，要求运动员必须不断地承受超负荷的训练，才有可能迅速提高竞技能力。运动训练中运动员能源物质的代谢速率和储备量能否满足运动训练的需要是影响训练效果的重要因素，而运动后能源物质的恢复状况则是影响运动员再训练能力的重要环节。无论是能源物质在运动前的储量还是运动后的恢复状况都是由营养来决定的。因此，运动员合理地膳食摄入营养、科学地补充运动营养，对提高运动员运动中能量供应水平、促进运动后的恢复，以及提高运动员持续承受运动负荷的能力都具有十分重要的意义。

第一节　营养恢复的训练学意义

一、营养恢复概述

擒拿格斗运动训练同其他竞技运动一样，是训练疲劳—恢复—再训练—再恢复的循环统一过程。在以往的运动训练中，许多教练员和运动员只重视运动训练过程中所应用的训练方法是否科学合理，运动训练中负荷强度、负荷量如何安排，而忽视运动训练后的恢复问题。大多数运动员在运动训练后只依靠自然恢复，或是依靠一些物理手段，如按摩、桑拿浴等加速疲劳肌肉的恢复，而不能及时、适量、合理配比地摄入营养物质，这样将会导致运动员运动后能源物质的恢复速率减慢，影响后续的训练效果。随着擒拿格斗竞技水平的飞速发展，比赛越来越激烈，对运动员体能的要求越来越高，所以运动员必须不断地承受超负荷的训练，才有可能提高竞技能力，而运动后身体恢复的质量又是机能水平提高和能否继续训练的关键。因此，今后的擒拿格斗运动不但要追求科学的训练方法，而且也要注重运动员训练后的恢复，尤其是营养恢复。

营养恢复是指在运动训练过程中，所消耗的营养物质在运动后通过摄入合理的营养膳食，以及补充合理的特殊营养物质来促进营养素的吸收，以加速运动后营养物质恢复的过程。由于世界体坛对违禁药物的检查和处罚力度不断加大，以及人们对其危害的认识不断加深，教练员和运动员加强了对兴奋剂的自觉抵制意识，从而使得运动营养对于竞技能力的积极作用越来越受到体育工作者的重视。

二、营养恢复的意义

营养恢复对擒拿格斗运动训练的意义主要体现在以下几个方面：

(1) 科学合理的营养补充可以促进运动员运动后各种能源物质的快速恢复，有利于提高运动员承受再训练的能力，从而提高运动员的体能水平和训练效果。

(2) 科学合理的营养摄入有利于维持运动员训练期的合理体重，避免体重过度变化对训练效果产生不利影响。

(3) 科学合理的营养摄入有利于维持运动员在控制体重期间的运动能力，对维持和提高运动训练效果具有积极意义。

(4) 科学合理的营养摄入有利于维持运动员在赛季较低体重时的运动能力，是取得优异比赛成绩的重要保证。

(5) 科学合理的营养摄入是赛后运动员体重和人体组织成分合理恢复的重要保障。

第二节　基　础　营　养

营养素是维持人体生命活动和健康的最根本物质，营养素的缺乏或过度都会影响运动员的健康和竞技状态，从而影响到竞技能力的发挥。对于需要承受大负荷运动训练应激反应的擒拿格斗运动员来说，营养的合理补充是维持健康水平和运动能力的基础，也是保障运动员取得优异成绩的重要因素之一。

一、基础营养的营养素组成及其功能

(一) 糖——碳水化合物

糖又称为碳水化合物，是自然界中存在最多、分布最广的一类有机化合物。绿色植物的根、茎、叶及果实中都含有葡萄糖、果糖、蔗糖、淀粉和纤维素等糖类物质，在动物的组织和血液中也含有葡萄糖、糖原和含糖复合物等糖类物质。

糖作为一种营养物质，是组成生物体的重要成分之一，并在生物体内发挥重要的生物学作用。糖是人体运动时最重要的能源物质，糖原和葡萄糖都可通过无氧和有氧代谢的方式释放能量。根据擒拿格斗运动的特点，运动员体内糖储备的多少及其利用速率是影响运动训练时体能的最重要因素，运动时糖的生物学功能主要表现在以下几个方面：

(1) 糖可储存和提供机体运动时所需的能量。

(2) 糖具有降低蛋白质分解的作用。

(3) 糖可调节脂肪代谢。

(4) 糖是中枢神经系统和红细胞的主要燃料。

(二) 蛋白质

人体内一切最基本的生命活动过程几乎都与蛋白质有关。"生命是蛋白体的存在方式"，揭示了蛋白质在生命活动中的作用。人体的生长、发育、繁殖、遗传以及运动等一切生命活动都离不开蛋白质。蛋白质是构成和修补人体组织的主要成分，也是调节人体生理机能的主要物质。

蛋白质的生物学功能主要体现在以下几个方面：

(1) 蛋白质以酶的形式起催化作用。

(2) 蛋白质是组成有机体的结构成分。

(3) 蛋白质是运输各种物质的载体，并可以储存某些物质。

(4) 某些蛋白质具有激素的功能，可以调节物质能量代谢。

(5) 蛋白质可产生和传递神经冲动或细胞调节功能。

(6) 蛋白质可参与能量代谢。

(7) 蛋白质具有免疫保护作用。

(三) 脂类

脂类广泛存在于动植物体内，也是人体重要的组成成分。脂类可分为脂肪、复合脂和类脂三大类。复合脂又分为磷脂、糖脂和脂蛋白，而类脂则主要是指类固醇及其衍生物。人体脂类的脂肪酸是由饱和脂肪酸和不饱和脂肪酸构成的，大多数不饱和脂肪酸是人体所必需的，但不能合成，必须通过食物提供，这部分不饱和脂肪酸称为必需脂肪酸。不饱和脂肪酸在人体生命活动中发挥着极为重要的作用，因此必须在膳食中提供充足的脂类物质。

脂类的生物学功能主要体现在以下几个方面：

(1) 脂类是构成机体组织的组成成分。

(2) 脂类是血液中脂肪及类脂等不溶于水脂类物质的转运载体。

(3) 脂类具有防震保护和保温隔热的作用。

(4) 脂类是脂溶性维生素吸收的载体。

(5) 脂肪是人体的主要能量来源。

(6) 脂类是合成胆汁酸、固醇类激素的前提。

(四) 水

水是仅次于氧气的维持生命所必需的物质，是维持人体正常生理活动的最重要的营养素之一。人体含水量占体重的 60%～70%，分布于机体所有的组织细胞内，一旦丧失水分达 20% 时，生命就根本无法维持下去。

水的生物学功能主要体现在以下几个方面：

(1) 水构成体液。

(2) 水可维持电解质平衡。

(3) 水是所有化学反应进行的场所。

(4) 水可以调节体温。

(5) 水有润滑作用。

(6) 水有运输作用。

当水代谢失调时，机体内环境发生紊乱，进而影响人体正常的生理机能。因此，水对生命的重要作用是通过调节机体内环境的稳定来实现的。

(五) 维生素

维生素是维持人体正常生理功能和健康所必需的低分子有机化合物，这类物质只需少量即可满足维持人体正常生理功能的需要。虽然需要量很少，但由于这类物质在人体内不能合成或者合成量不足，故必须通过膳食来提供。人体一旦缺乏维生素，将引起生理功能障碍和疾病。维生素的种类繁多，化学结构差异极大，通常根据维生素的溶解性质可将其分为两大类，即脂溶性维生素和水溶性维生素。虽然维生素绝大多数不构成身体组织，也不能分解供热，但其营养价值可通过组成辅酶的形式参与体内的物质和能量代谢，并通过抗氧化和促进免疫功能发挥其生物学功能。因此，维生素是代谢调节、维持生理功能所不可缺少的营养素。

(六) 矿物质

矿物质是人体的组成成分，约占体重的 5%。其中，钙、磷、钾、硫、氯、钠、镁七种元素的含量较多，每日体内需要量在十分之几克到几克，称为常量元素。其他元素机体每日需要量从百万分之几克(微克)到千分之几克(毫克)，称为微量元素。人体必需的微量元素有铬、铜、氟、碘、铁、锰、铝、硒、硅和锌等 18 种。矿物质在体内虽然不供给能量，但对维持机体正常功能具有重要的作用。矿物质主要通过膳食来提供，其吸收部位主要在小肠。人体矿物质的丢失途径主要是通过尿液、汗液和粪便。

人体矿物质的主要生物学功能表现在以下几个方面：

(1) 构成机体组织的重要组织成分。

(2) 维持机体渗透平衡，对细胞内外水分的转移和物质交换起到十分重要的作用。

(3) 维持体液的酸碱平衡和内环境稳定。

(4) 维持神经、肌肉的兴奋性。

(5) 是某些酶和激素的重要组成成分。

(6) 是组成血红蛋白、肌红蛋白的主要成分。

(七) 食物纤维

食物纤维属于碳水化合物类物质，但由于组成食物纤维的葡萄糖构型与组成淀粉的葡萄糖构型不同，人体不能利用食物纤维来提供能量。以前食物纤维由于不能被人体直接利用而没有被列为营养素，近年来的研究发现，食物纤维对人体具有极为重要的作用，故将食物纤维称为第七营养素。食物纤维主要存在于粗粮、蔬菜和水果中，因此在日常膳食中应多吃一些粗粮和蔬果类食物，从中获取充足的食物纤维。

食物纤维的生物学功用表现在以下几个方面：

(1) 在肠道中促进发酵作用，有利于各种营养素的消化和吸收。

(2) 促进肠蠕动，有利于排泄。

(3) 可以吸附肠道中代谢的有毒物质，促进排泄，预防结肠癌。

(4) 可以吸收肠道中的油脂，有助于控制体重。

(5) 可以吸收消化道中的胆固醇，有利于缓解心脑血管疾病的发生。

二、擒拿格斗运动员的基础营养

(一) 能量需要量

擒拿格斗运动员一天的能量总消耗量是由静息代谢率、运动热能消耗、食物的生热效应和适应性生热作用四部分组成的。

静息代谢率是指运动员在不运动时所消耗的能量。运动热能消耗是指运动员从事运动训练时所消耗的能量。运动员运动热能消耗受体重、运动方式和运动量的影响。在进行大运动量训练时，运动热能消耗可占每天总能量消耗的50%以上。食物生热效应是指食物在消化、转运、代谢和贮存过程中所消耗的能量，一般占总能量消耗的10%左右。适应性生热作用则是指由于环境温度、情绪应激、进餐，以及其他因素变化所引起的能量消耗，一般占总能量消耗的15%以下。

擒拿格斗运动员在正常训练期间(非控体重期)，必须摄入与每天所消耗的总能量相等的能量，才能保证正常的生理活动和运动训练的需要。擒拿格斗运动员每日膳食的热能摄入推荐量平均为3500千卡，相当于(55±5)千卡/千克体重。由于擒拿格斗运动是一项对体重要求极为严格的运动项目，因此在平时训练期间要求运动员的体重必须维持在较为理想的范围。所以，运动员必须根据运动训练负荷的大小适当调整每日的热能摄入量，从而避免由于热能摄入过多或过少而影响身体机能水平和训练效果。热能摄入不当造成体重增加是擒拿格斗运动员的大忌，这将给运动员降体重带来极大的困难。因此，对于擒拿格斗运动员来说，掌握和控制每日热能摄入量对控制体重、维持运动训练效果具有十分重要的意义。

(二) 食物营养素含量与分组供给量

运动员膳食摄入不合理是导致营养素失衡的重要因素之一，因此，如何解决运动员膳食摄入一直是困扰运动营养界的一个难题。运动员膳食配餐的依据是 RDA(推荐的每日膳食中营养素供给量)，在实际操作中需要专业营养师和专用计算机软件，推广应用所需要的技术条件要求较高，工作量也较大。为了简化和普及运动员的营养配餐，我们在针对擒拿格斗运动员进行的营养配餐中，根据食物中各种营养素含量的特点和具体项目运动员的营养素需要量，将营养素供给量转换成不同食物组的供给量。实践中，配餐员经过一定的指导，能够独立地组织食物采购和调配营养合理的运动员膳食。

1. 食物分组及营养价值

在营养学上进行食物分组，并依据平衡膳食的原则指导人们选择食物是营养科学的普遍做法。基于此，我们将食物分为五组(见表 12-1)。

表 12-1　食物分组和营养价值

食物分组		供给营养素	食品举例和备注
糖类(碳水化合物)	谷类及其制品	碳水化合物、蛋白质、食物纤维、B 族维生素	80%细粮、20%粗粮
	薯类	碳水化合物、食物纤维、B 族维生素	白薯、土豆、马蹄、莲藕、山药、芋头、百合、栗子、莲子、白果
	高糖淀粉类	碳水化合物及其他营养素	果酱、豆沙、甜点、蜜饯、粉条等
	含糖运动饮料	碳水化合物和无机盐	
蔬菜水果	蔬菜类	食物纤维、矿物质、维生素 C、胡萝卜素	50%叶菜、50%其他，不含薯类
	水果类		1/3 柑橘、1/3 香蕉、1/3 其他
肉、蛋、水产	肉类	蛋白质、脂肪、矿物质、维生素(A、B 族维生素)	以瘦肉为主，2/3 牛羊肉和猪肉、1/3 禽肉
	蛋类		
	水产类		
奶类、豆类	奶类及其制品	钙、蛋白质、维生素 B_{12}	鲜牛奶
	豆类及其制品	食物纤维、矿物质、蛋白质、B 族维生素、脂肪	各种豆类及其豆制品，如豆腐
食用油脂		维生素 E、必需脂肪酸	植物油

(1) 糖类(碳水化合物)组：由于这一组食物是目前运动员膳食中的薄弱环节，为了能使实际操作更具体、在数量的掌握上更全面且准确，又进一步分了几个亚组。其中，谷类及其制品是运动员膳食中碳水化合物的主要来源。薯类和高糖淀粉类食物是从烹调加工、菜谱的搭配以及食物品种的多样性出发而列出的，目的是增加运动员膳食中碳水化合物的来源。含糖运动饮料作为食物亚组被列出，是考虑到运动员三餐以外和训练时补糖的需要。

(2) 蔬菜水果组：主要提供维生素、矿物质和膳食纤维。

(3) 肉、蛋和水产组：这一组食物提供优质的蛋白质，也包括一些维生素和矿物质。为了避免摄入过多的胆固醇和饱和脂肪酸，蛋类和水产类被分别列出，同时强调肉类应以瘦肉为主。

(4) 奶类和豆类组：突出它们在钙供给上的重要性。这组食物还可以改善蛋白质的营养，提供一些维生素和矿物质。

(5) 食用油脂组：供给维生素 E 和必需脂肪酸，摄入量应有限制。

2. 食物分组供给量

由于不同的训练时期和不同的训练内容，运动员热能消耗量各不相同，使得在估计膳食摄入量时存在许多困难。为了更直观地了解每日的膳食摄入量，掌握各种营养素具体的摄入量，根据平衡膳食的原则，将各种食物分组设定为一个重量单位(单位可以是克或千克)，按 1 千卡热能计算的各食物组的推荐供给量数值列于表 12-2，运动员可以根据训练期热能的实际需要确定自己各组食物的相互比例。

考虑到营养配餐在改善运动员饮食习惯方面的难度，采取循序渐进的方式，将覆盖多数运动员热能消耗范围(3000～5000 千卡)的食物供给量分为碳水化合物占总热能的50%(A)、58%(B)、65%(C)三个等级。在实际应用中，可以根据具体情况逐步提高碳水亿合物的供能比例，以达到平衡膳食的要求。对于一些热能消耗较低或控制体重的项目，各种食物的供给量需要有所调整，具体数值列在表 12-2 的第 4 组(2000 千卡)。

表 12-2 每千卡热能摄入的食物分组日供应量(克/千卡)

食物分组		3000～5000 千卡 (A)		3000～5000 千卡 (B)		3000～5000 千卡 (C)		2000 千卡	
糖类	谷类及其制品		75		100		100		75
	薯类	175	50	200	50	225	50	175	50
	高糖淀粉类		50		50		75		50
	含糖运动饮料								
肉、蛋、水产类	肉类		100		50		25		50
	蛋类	138	13	113	13	63	13	88	13
	水产类		25		50		25		25
其他		每人每天蔬菜、水果、奶各 500 克，蛋一个，油 50 克，豆腐及豆制品 50～100 克							

注：碳水化合物占总热能的 50%(A)、58%(B)、65%(C)，2000 千卡组适用于热能需要量在 2000 千卡左右的人群。

(三) 擒拿格斗运动员膳食营养存在的问题

膳食营养是保障运动员日常活动和运动训练所消耗的各种营养素摄入的主要渠道。这些营养素是参与机体组织结构的构建、能量的供应、机体新陈代谢及其调节、维持机体内环境稳定等各种生理生化反应和生命活动的关键。通过国内外对大量运动员膳食营养的调查研究发现，运动员的膳食普遍存在营养结构不合理、营养素摄入不均衡的现象，并且随着生活水平的提高这种情况日趋严重。基础营养的失衡会导致运动员的机能代谢处于紊乱状态，对训练效果的提高和疲劳的消散、体能的恢复产生诸多不利影响。通过一些所谓特殊营养的补充想达到调节这些营养素的平衡，不但造成成本的浪费，而且效果并不理想。另外，由于擒拿格斗比赛的特点，对体重要求十分严格，多数运动员在赛前往往需要降低体重，但采用的控制体重方法并不科学，使得运动员在控制体重期间的营养失衡更为严重。

基础营养失衡主要涉及以下几个方面：

1. 碳水化合物——糖摄入严重不足

由于错误的营养膳食观念，使得现生许多运动员仍然认为肉即为营养，忽视了碳水化合物对大负荷强度运动训练的重要作用，从而将摄入更多的动物性食品作为促进身体机能恢复的重要标准。目前国际(美国国家健康与医学研究委员会)和我国营养学会提出，居民每天合理的膳食中，碳水化合物至少应占发热量的 50%～55%。运动营养专家则认为，运动员一天摄取平衡的混合膳食中，碳水化合物的供给量按其发热量计算应至少占总能量摄入的 50%～65%。对于擒拿格斗项目，运动员膳食中碳水化合物的供给量在平时非降体重期的训练期也应达到 50%～65%。但是，我国运动员(尤其是优秀运动员)所摄入的碳水化合物只占总热能摄入的 40%，甚至更低。因此，"糖营养不良症"是我国擒拿格斗运动员普遍存在的营养失衡问题之一。

2. 脂肪和蛋白质摄入过多

氮平衡的研究结果表明，运动员的蛋白质需求量高于一般人。国内学者根据氮平衡的实验结果，提出运动员膳食中蛋白质的供应量应为总热量的 12%～15%，约为 1.2～2.0 克/千克体重，脂肪的摄入量应为总热量的 25%～28%。由于擒拿格斗运动员中普遍存在着肉就是营养的错误观念，加之一些烹调方式的不科学，致使膳食中脂肪和蛋白质的热能比远远超出了上述水平，有些高达 70%甚至更多。而且脂肪的摄入比例也不均衡，表现在饱和脂肪酸摄入过多，单不饱和脂肪酸和多不饱和脂肪酸摄入过少。膳食中高脂肪和高蛋白不但造成热能摄入过剩而增加体脂含量，还会对机体的内脏器官造成负担，同时影响了机体对其他营养素的吸收。

3. 烹调方式不合理

中餐的传统烹调以煎、炒、烹、炸为主要方式。在各种菜肴的制作过程中大量使用烹调油，并且在高温中制作。其次，在菜肴的烹调中大量使用动物性蛋白质，尤其是含有高脂肪的猪肉。另外，膳食中重视了副食的品种和数量，忽视了主食的品种和制作工艺，造成主食品种花色单一、质量较差。这样的结果首先造成了运动员在进食过程中摄入大量的油脂和蛋白质，影响主食的摄入量，同时，主食花色品种的单一也是导致摄入量减少的一个重要因素。其次，由于各类蔬菜在制作时采用高温油的烹炒造成了大量维生素的损失，从而导致部分维生素的摄入量不足，进而影响运动能力。

4. 部分维生素摄入不足

维生素是维持人体正常生理功能和健康所必需的有机化合物。由于运动员的饮食习惯和一些烹调方式与科学膳食不相适应，许多运动员不同程度存在 B 族维生素和维生素 A 摄入不足的情况。由于 B 族维生素是构成许多酶系统的辅酶的重要成分，在体内物质能量代谢中的作用十分重要，所以在运动员维持运动能力的能源物质——碳水化合物摄入不足的情况下，B 族维生素的缺乏进一步加重运动中能量供应的失衡现象，从而导致运动性疲劳的产生和发展。而维生素 A 与运动员的应激和免疫能力有一定关系，对运动造成的机体应激反应和免疫反应起着重要作用。

5. 三餐摄入能量分配不合理

均衡的一日三餐是运动员一天正常训练的根本保障。合理的一日三餐能量摄入分配应为早、中、晚餐大致为 25%、40%、35%。对运动员膳食营养的调查表明，目前许多运动员忽视早餐的重要性，甚至根本不吃早餐，许多运动员早餐的热能仅占全天的 19%，午餐的热能也只占 23%，而晚餐的摄入量却远远高于合理的摄入比例。这种不合理的摄入比例导致运动员机体营养素的摄入不足，日常活动和运动训练所消耗的能源物质和其他营养素得不到良好的恢复，从而影响训练课的能量保证和训练质量。

6. 忽视水和无机盐的及时补充

水是机体中含量最多的成分，是维持人体正常生理机能的重要营养素之一。水主要起运输其他物质、调节体温、维持正常的渗透压等作用。无机盐虽然在机体中含量较少，但它在维持体液正常的渗透压、神经肌肉的兴奋性、酸碱平衡、酶的活性等方面，以及完成某些生物学功能具有极为重要的作用。

运动训练加剧了热量的产生，加之运动造成的激素分泌增加，从而使运动员的排汗量明显增加，尤其是夏天，南方的高湿热环境会使运动员的排汗量进一步增加。而擒拿格斗运动训练通常是在场馆中进行，即使是冬季在室内的一节训练课，运动员的出汗量也可高达 2 千克，夏天，运动员的出汗量会显著增加。现在的研究结果表明，运动中丢失的水分如果得不到及时补充，将会导致血容量下降，从而增加心脏负担，使心率过度加快。而随着大量汗液的排出，也会造成无机盐的大量丢失，从而影响神经肌肉的工作能力。

运动中脱水程度为体重的 2%～3%时，就会影响运动能力，体能开始下降。实际上当人感到口渴时，其脱水程度已经达到体重的 2%～3%，运动能力就开始下降。如果运动员不能在正确的时间选择合理的运动饮料补充体液，而是在训练过程中感觉到口渴以后，补充纯净水、茶水或是各种各样市面销售的高渗饮料就会造成更多的体液丢失，进一步加剧脱水。而高渗饮料则延缓了水在胃中的排空速率，造成高渗水在胃中的滞留，使机体的脱水情况得不到良好改善，影响运动能力的正常发挥，削弱了补液的效果。

7. 某些矿物质的摄入不足

金属元素在机体中也起着极为重要的作用，对于维持运动员的运动能力具有积极作用。对运动员进行的膳食营养调查结果表明，由于饮食习惯和膳食营养结构的不合理，运动员的某些矿物质摄入不足，主要表现在钙、铁和锌等金属元素的摄入不足。当擒拿格斗运动员控制体重时，由于要限制饮食和饮水，会加剧这些矿物质的缺乏，从而导致运动员身体机能的下降，进而影响运动员的运动能力。

8. 对食物相克重视不够

食物相克是指食物中各种营养素和化学成分存在着相互抵抗、相互制约的关系。膳食中营养的搭配不当，往往会影响人体对这些营养素的消化和吸收，在代谢过程中造成营养缺乏，从而影响运动员的运动能力。目前许多运动员、教练员缺乏食物相克的认知，在日常膳食中没有注意避免这些相克营养素的共同摄入，出现了虽然运动员的伙食水平不断提高，但营养素却越来越不均衡的现象。

9. 控制体重方法不合理

擒拿格斗运动员在控制体重时期为了能够使体重达到比赛的要求，往往在赛前一段时间采用禁食的方法，并且还要坚持训练。由于正常的生命活动需要消耗各种营养素，这些营养素大部分必须通过外界补充才能满足机体的需要，以便能够维持生命的正常活动，而运动员进行大负荷的运动训练加剧了各种营养素的消耗，而采用禁食的方法则会导致运动训练过程中和正常的生命活动中所消耗的营养素无法得到恢复，加剧了各种营养素的失衡，造成体能的显著降低，从而影响运动员在比赛中正常水平的发挥。

(四) 平衡营养的建议

平衡营养是运动员合理摄入营养膳食的保证，也是解决膳食营养中所存在问题的主要手段。根据对人们日常生活的能源消耗和膳食营养素摄入的大量研究结果，同时结合我国体育工作者对运动员餐食营养进行的大量调查研究结果提出的改进意见，提出的平衡营养建议具体如下：

(1) 膳食营养摄入时严格遵守膳食营养金字塔(见图 12-1)。

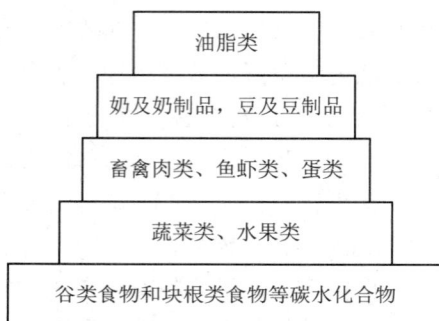

图 12-1　平衡营养金字塔

(2) 改进我国传统的食物烹调方式，增加奶制品、豆制品、蔬菜和水果的摄入比例，做到能够生吃的蔬菜尽量生吃。养成良好的饮食习惯，加强早餐的品类配给，注重早餐和午餐的质量和数量，按照早餐占 25%、午餐占 40%、晚餐占 35%的比例进行一日三餐科学的分配(图 12-2)。

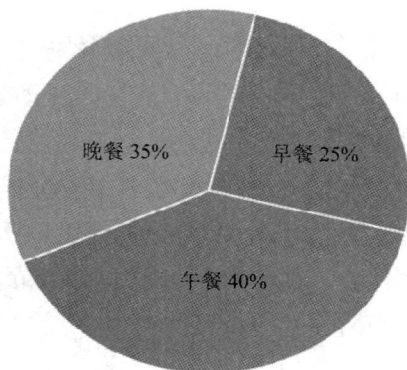

图 12-2　一日三餐热量分配比例

(3) 坚持做到"四多三少"，即主食、蔬菜、水果、奶制品(或豆制品)多，油脂、肉类、油炸食品少。

(4) 碳水化合物(淀粉和多糖)达到膳食总热能的 50%～65%；适量地摄入蛋白质(占膳食总热能的 15%)；控制脂肪的摄入量(占膳食总热能的 25%)，特别要控制饱和脂肪酸的摄入，例如，黄油、人造黄油、动物脂肪、内脏器官等，见图 12-3。

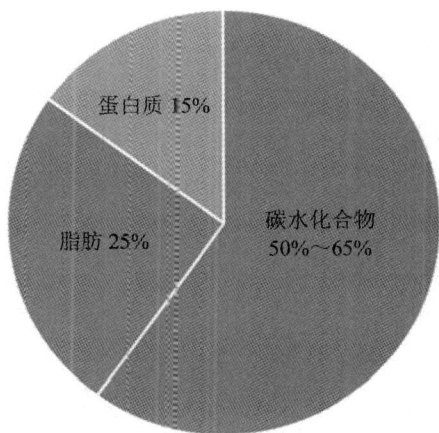

图 12-3　平衡膳食中能源物质比例

(5) 加强对运动员餐食营养的监控。

(6) 增加运动训练过程中运动饮料的摄入，做到少量多次。

第三节　擒拿格斗运动员训练后的恢复

运动员在承受大负荷的运动训练刺激后必然会导致疲劳，由疲劳至恢复，再至超量恢复，是运动训练的必须提高过程。其中，运动后通过科学的营养补充和合理的恢复手段使各种营养物质快速恢复，是运动员身体疲劳恢复的重要方法，对运动员承受再训练的能力至关重要。

一、碳水化合物——糖的补充

糖是运动训练中最重要的能源物质，运动中糖贮备的耗损和低血糖是导致长时间运动训练时，运动性疲劳发生和发展的主要观点，这个观点已被国内外广大学者公认。因此，如何提高运动前机体糖的贮备，如何在运动中维持血糖平衡，以及如何在运动后快速恢复糖贮备，是提高训练效果和运动能力的重要手段，也是当今研究的热点。

(一) 补糖与运动能力

研究结果证明，在运动前、运动中和运动后补糖可以提高长时间耐力性运动项群(如马拉松、铁人三项、公开水域比赛、长距离自行车、越野挑战赛等项目)的运动能力。以前人们普遍认为糖不是影响高强度间歇性运动项目运动竞技能力的因素，因此，擒拿格斗运动员在训练过程中只要机体糖贮备不是过低，一般不考虑补糖。近年来的研究结果显示，持续数分钟或数十分钟的高强度、间接性擒拿格斗项目，在运动训练和比赛过程中补糖有利于提高运动员的训练效果和运动能力的维持。

(二) 补糖的目的

补糖的目的是提高运动时机体的供能能力，但是不同时间补糖所达到的效果略有区别。运动前补糖主要是为了提高体内肌糖原、肝糖原的储备量，这对于运动训练过程中维持血糖水平和能量来源具有重要意义。运动中补糖的目的主要是提高血糖水平、节省肌糖原，为中枢神经系统提供充足的能量来源，从而提高长时间的运动能力。运动后快速补糖是为了加速运动中所消耗的糖贮备的恢复，从而使运动员在训练中所消耗的最重要的能源物质快速恢复，提高运动员承受再训练的能力。

(三) 补糖的方法

补糖最主要的方法是在基础膳食中使碳水化合物达到总热量的50%～65%。对于擒拿格斗运动员训练后补充糖，是为了促进糖的快速恢复，在膳食中注意选择 GI(血糖生成指数)食品(见表 12-3)。高血糖指数的食品可以促进胰岛素的分泌，有利于机体糖贮备的快速恢复。

表 12-3　部分常见食品的 GI 值

GI 数值范围	食　物	GI	食　物	GI
高血糖指数 (GI 大于 70)	葡萄糖	100	土豆糊	83
	运动饮料	95	烤土豆	85
	玉米薄片饼	84	豆冻	80
	椰子汽水	77	蜂蜜	73
	西瓜	72	白面包	70
中血糖指数 (GI 介于 55～70)	全麦面包	69	什锦食品	68
	软饮料	68	燕麦制品	66
	饼干	66	蔗糖	65
	冰激凌	61	白米饭	59
	橘汁	57	芒果	55
低血糖指数 (GI 小于 55)	熟香蕉	52	水与牛奶煮成的麦片	49
	巧克力	49	半熟米饭	47
	混合谷类面包	45	橘子	43
	烤豆	40	苹果	36
	加味酸奶	33	菜豆	27
	红扁豆	26	果糖	20

血糖生成指数(GI)的数值高低，代表着该食物能引起血糖升高的幅度大小。血糖生成指数(GI)大于 70 的食物，为高 GI 食物；血糖生成指数(GI)小于 55 的食物，为低 GI 食物。

1. 运动前补糖

关于运动前补糖的时间目前存在不同的看法。有学者认为，在训练或比赛前的 30~90 分钟补糖会出现明显的胰岛素效应，从而影响运动能力的发挥，应避免在此时间段补糖。大量的研究结果证明，在训练和比赛前的 20 分钟内补糖效果最佳，既可使肾上腺素等分泌增加，又可使胰岛素分泌下降，有利于运动能力的提高。在运动前补糖一般采用液态糖为佳，多糖食品中可溶性淀粉在运动时的氧化速率较高，为 0.9 克/分钟，且 GI 值不高，故选择可溶性淀粉效果较好。

2. 运动中补糖

运动中，一般采用 5%~10%等渗或低渗含糖饮料，以少量多次的方式饮用，补糖量不应超过 60 克/小时或 1 克/分钟，从而避免胃肠道不适。由于葡萄糖的渗透压较高，在运动饮料中主要以低聚糖和小分子淀粉为主，因为它们的渗透压较低，仅为葡萄糖的 1/4，且甜度小，吸收快。因此，由低聚糖或小分子淀粉配制的运动饮料可以为机体提供充足的糖。运动中常用的能量饮料，主要由低聚糖或中低分子的淀粉、果糖、柠檬酸、牛磺酸、无机盐、维生素、肌酸等组成。

3. 运动后补糖

运动后，补糖的时间越早越好，理想的时间是在运动后即刻或 6 小时以内，此时肌肉中糖原合成酶含量高，糖原恢复效果佳。但是，在运动训练后由于大负荷强度的运动训练会影响运动员的食欲，再加上洗澡等其他原因，运动员往往错过最佳的补糖时间(运动后 2 小时内糖的合成速率最快)。理想的方法是在运动训练结束后即刻补充含糖丰富的饮料(含有一定的无机盐，可以促进糖吸收和糖原恢复)，一般补充量不超过 50 克/小时。在其后的 6 小时内，除了以膳食摄入大量的糖以外(按照每日热能摄入量中糖所占的比例)，还可以每隔 1~2 小时补充一定的含糖(葡萄糖为主，因为葡萄糖 GI 值最高、最有利于肌糖原的合成)丰富的饮料，以便促进机体糖贮备的迅速恢复。

根据运动后补糖或进食次数的结果表明，只要总糖摄入量充足，肌糖原合成就不受食物摄入次数的影响。525 克的糖分 2 次或 7 次摄入，或每次 10 克/千克体重进餐 4 次或 16 次摄入，24 小时后糖原合成量是相同的。

二、蛋白质的补充

运动员和生长发育的人员，对蛋白质的需要量高于正常人。在 18 岁以前，随着年龄的增长，每日蛋白质需要量相对减少，7~10 岁需要 1.2 克/千克体重，11~14 岁需要 1.0 克/千克体重，15~18 岁需要 0.9 克/千克体重。运动员对蛋白质的需要量要高于相同年龄的普通人群。

(一) 运动员蛋白质需要量增多的原因

运动会引起人体蛋白质的利用增多和组织损伤，主要表现在以下三个方面：

(1) 剧烈运动尤其是力量性运动训练，可刺激肌肉蛋白质的合成，引起体重和肌肉含量增多。

(2) 负荷训练初期溶血作用加剧，进而促使红细胞合成加强，同时，训练可以刺激线粒体数目增加以及各种代谢酶的合成量增多。

(3) 长时间的运动训练过程中蛋白质参与供能，但供能量不超过总能耗的18%。因此，运动员必须增加蛋白质的摄入量，以便恢复运动中消耗的组织蛋白，修复损伤的组织，或者最大程度地刺激蛋白质合成，使肌肉力量和体积变大，预防运动性贫血。

此外，保证每餐摄取一定数量的蛋白质，使人体能稳定血糖浓度，并保持稳定的精神和体力状态。胰岛素是体内血糖水平及氨基酸代谢的调节激素，蛋白质对体内胰岛素的分泌有良好且稳定的刺激效果。

(二) 运动员蛋白质需要量及其影响因素

运动员每天摄入多少蛋白质为宜，目前尚无统一定论，原因是蛋白质供给量受训练类型、训练负荷的适应状态、控体重、年龄、营养状况及环境等多种因素的影响。

1. 训练类型

对于需要力量、速度、速度耐力和一定耐力的擒拿格斗运动员来说，蛋白质供给量要比普通人多，比一般耐力项目运动员蛋白质的需要量也相对多一些。一般轻量级运动员在训练时每日需要蛋白质1.2～1.6克/千克体重，在大负荷训练时需要2.0～3.0克/千克体重，较重级别的运动员则需要更多。

2. 训练负荷的适应状态

擒拿格斗运动员在大负荷训练前期，由于对运动负荷不适应和机体能量代谢平衡被破坏，导致蛋白质参与供能比例增加，因此，蛋白质的摄入量也应适当增加，日供给量应达1.6克/千克体重以上，运动员在进入冬训初期更要注意增加膳食蛋白质。一般运动员大负荷训练期要求每日蛋白质摄入量达2.0克/千克体重，训练适应后可适当减少。

3. 控制体重阶段

擒拿格斗运动员在控制体重阶段热能摄入不足时，需选择蛋白质营养密度较高的食物以满足需要，蛋白质食物提供的热量可占总摄入能量的18%。

4. 青少年时期

生长发育期的儿童少年参加运动训练时应增加蛋白质营养，以满足生长发育的需要，蛋白质的需要量为2～3克/千克体重。

5. 环境因素

环境因素也是影响运动员蛋白质摄入量的一个重要因素。在训练中特别是高温季节，运动员汗氮的丢失量可占氮排出总量的 10%～14%，这将会导致蛋白质需要量增加（见表 12-4）。

表 12-4　擒拿格斗运动员每日蛋白质需要量简易评价表

体重/千克	蛋白质/克
40	68
50	85
60	102
70	119
80	136
90	153
100	170
110	187
120	204
蛋白质克数/(千克体重·日)	1.7

(三) 蛋白质的来源

运动员蛋白质摄入的主要来源为动物性蛋白质，在摄入时不仅要满足数量上的要求，而且在质量上也应以氨基酸齐全的优质蛋白质为主。优质蛋白质主要是指动物性蛋白质，尤其是牛羊肉、鱼肉、牛奶以及大豆蛋白，猪肉由于脂肪含量较多，所以在摄入时应以瘦猪肉为佳。蛋类也是蛋白质的重要来源，但应注意不易补充过多，以避免类固醇物质摄入过多的情况发生。

三、水的补充

水在人体内发挥着十分重要的作用，水是机体内所有能源物质合成和分解的必需物质，而且具有运送养料、氧气并运走废物、维持正常体温调节的作用。所以，在运动后适时补水对运动后维持正常水平衡具有十分重要的意义。

(一) 运动时脱水

在运动训练过程中，由于肌肉收缩使能量消耗增多，体内产热也相应增加，加之运动训练过程中肌肉摩擦也会产生大量的热量，人体产生的热量主要通过血液带到皮肤，再通过出汗调节体温。所以，出汗和蒸发汗是运动机体散热的一条重要途径，对维持生理功能极其重要。

运动时出汗的数量依赖于运动强度、体表面积和环境温度。运动员在冷而干燥的环境下运动时，每小时排汗相对较少，一般为 0.5～1 升，而在炎热的环境中进行运动训练时，每小时排汗量会超过 2 升，在高湿、高热环境下运动训练时出汗量甚至会达到 5 升以上。

大量出汗会导致体液(细胞内液和外液)和电解质的丢失，体内正常的水平衡和电解质平衡被破坏，体温升高，脱水的症状也随之而来。所以，运动时汗液的丢失是运动员脱水的主要原因，也是影响运动训练效果的重要因素。因此，在运动后合理地补水是促进体液平衡的关键。

(二) 运动员脱水的危害

对运动员而言，脱水不仅对运动成绩产生不利的影响，而且也不利于身体健康。脱水常常是在不知不觉中发生的，当感到口渴时，体内早已脱水。大量出汗时如果不能及时补充水分，只要脱水量超过体重的 2%，心率和体温便会上升，从而影响运动能力。表 12-5 列举了不同程度脱水的症状及其对运动能力的影响。在相对高温的环境中高强度运动，运动员可能发生中暑。所以，防止运动员脱水现象的出现是极为重要的。要保持机体的水平衡，经常补液是一个不可忽视的问题。

表 12-5　运动员脱水的症状

脱水程度	脱水部位	脱水量	症　状	体力下降程度
轻度脱水	细胞外液失水为主	2%体重	血液渗透压升高、血容量减少、血液浓缩、心脏负担增加、口渴、尿量减少	10%～15%
中度脱水	细胞内外液失水基本相同	4%体重	严重口渴、心率加快、体温升高、感觉疲劳加重、血压可能下降	10%～30%
重度脱水	细胞内液失水为主	6%～10%体重	血容量减少、心率增加、呼吸加快、恶心、食欲丧失、厌食、容易激怒、肌肉抽搐、精神活动减弱。脱水严重者还会发生幻觉、臆妄和昏迷	严重威胁健康

(三) 运动后补水的原则

运动后补水是为了加速对运动中所丢失水分的补充，促进运动后体液的快速平衡。但是，运动后如何补水具有较强的科学性，运动员在训练结束后往往采用喝饱或喝到解渴为止，对如何补水的量、补充何种水的重视不足。现代科学研究发现，运动后补充水的量和形式对运动后体液平衡的恢复速率影响很大。运动后过量饮水会加大胃的排空能力，造成胃的负担过重，从而影响胃的正常功能，而运动后补充纯水(白开水等)不利于机体对水分的吸收。运动后补水的原则是少量多次，以补充运动饮料为最佳。

理想的补液饮料必须具备下述条件：

(1) 促进饮用。渗透压浓度影响胃排空和小肠的吸收，渗透压浓度在 250～370 毫渗量/升的饮料为佳。所以，通常采用等渗或低渗浓度的饮料。

(2) 能够迅速恢复和维持体液平衡。

(3) 提供能量，增强运动能力。理想的补液饮料或运动饮料必须含有适当的糖浓度、最佳的糖组合，并含有一定的盐成分和多种可转运的糖。糖的浓度与胃排空和小肠吸收水分有关。如果浓度太高，胃排空就减慢，小肠吸水也受影响；如果糖浓度太低，则不能满足机体对外源性能量的需求。由于糖浓度达到 8%时，小肠内水的吸收显著减少，因此，饮料中的糖浓度以低于 8%为宜，建议采用 5%～7%。转运糖的数目直接与溶质的转运有关，且与糖的恢复速率有关。含有多种可转运糖类的溶液能利用多种转运机制来扩大溶质的吸收，从而减弱渗透压浓度对水吸收的影响，增加水的吸收量。因此，选择运动饮料应考虑溶液含有多种可转运的糖，例如葡萄糖、果糖、低聚糖等，以增加糖和水的吸收量。

(四) 运动员合理补液的方法

补液无统一的方法，运动中液体的丢失量可从运动前后的体重差了解。运动后及时补充水分和能量可加速机能恢复，有效地恢复运动中丢失的体液，包括液体的总量和电解质两部分。补液中钠含量的高低也会影响补液的需要量。当钠浓度较高时，尿量会减少，因为钠离子在体内能抓住水分，从而帮助体液的恢复，减少补液量。但是，钠浓度太高则影响口感，减少液体的摄入。另外，在进餐前不要饮水过多，以免稀释胃液，影响消化能力。

应补液的总量可由体重恢复的情况来估计，补液仍以少量多次为原则，不可暴饮。一次性大量喝水，只是一时抑制口渴感觉，会增加排尿和出汗，使体内电解质进一步丢失，增加心、肾负担，稀释胃液，延长恢复时间。运动后的体液恢复以摄取含糖和电解质饮料效果最佳，饮料的糖含量可为 5%～10%，钠盐含量为 30～40 毫克当量，以获得快速补充水分，但不要采用盐片补钠，盐片会刺激胃肠道，加重脱水，还可引起腹泻。

四、乳酸的消除

擒拿格斗运动是强度大、持续时间较短的间歇性运动项目，其主要的代谢系统为无氧糖醇解供能系统。因此，在运动训练过程中会产生大量的乳酸，运动后乳酸的快速消除对身体机能的恢复以及再训练能力都十分有利。

布鲁克斯(1980)对鼠长时间运动至力竭后体内乳酸代谢的定量分析指出，运动结束后4 小时内，体内乳酸代谢分配比如表 12-6 所示。

表 12-6　体内乳酸代谢分配比

代 谢 产 物	配 比
氧化	55%～70%
肝(肌)糖原	＜20%
蛋白质成分	5%～10%
葡萄糖和乳酸	＜2%
其他(氨基酸、三羧酸循环的中间代谢产物)	＜10%

目前人们普遍认为，人体运动后乳酸代谢状况与上述情形类似。

1. 运动后乳酸消除的途径

骨骼肌是乳酸生成和消除的主要场所，乳酸的消除主要通过生物化学的代谢过程来实现。乳酸消除的途径如下：

(1) 在骨骼肌、心肌等组织内氧化成二氧化碳和水。

(2) 在肝和骨骼肌内重新合成葡萄糖和糖原。

(3) 在肝内转变为脂肪、丙氨酸等物质。

2. 乳酸消除的生物学意义

在生理 H 值范围内，乳酸可以全部解离，因而影响体液的酸碱平衡。运动时乳酸消除的生物学意义有三方面：

(1) 乳酸在快肌纤维内生成后，转移到邻近的慢肌纤维氧化，或随血液循环转移到其他运动强度较低的骨骼肌和心肌，提供氧化的底物。

(2) 通过糖异生作用转变为葡萄糖，用以维持血糖水平。

(3) 肌乳酸不断释放入血液，可以改善肌细胞内环境和维持糖醇解的供能速率。

运动后乳酸的消除受休息方式的影响。低强度运动的活动性休息比静止性休息乳酸消除速率快，利于运动后恢复。因此，擒拿格斗运动员应重视在运动训练后进行整理运动。训练后的整理活动包括慢跑、各部位的静力牵拉等。慢跑促进血液循环，有利于乳酸的运输，而且维持有氧代谢酶在较高水平，有利于促进运动训练后乳酸的消除。运动训练后进行长时间的肌肉静力牵拉，可以缓解运动训练中肌肉的挛缩，也可以促进乳酸的转运，有利于乳酸的消除。故运动训练后高质量的整理活动不但有利于训练后乳酸的清除，而且有利于肌肉疲劳的恢复。

五、消除疲劳的物理手段

运动训练必然会导致运动性疲劳，这是人体自我保护的一种正常生理现象，没有疲劳的训练是无效的训练。但是，疲劳程度过深或疲劳恢复速度过慢会影响运动员的再训练，因此，如何通过科学的物理手段加速疲劳的消除是当今的研究热点。目前采用的促进疲劳消除的主要物理手段有以下几个方面。

1. 充足的睡眠

充足的睡眠是消除疲劳的基本方法之一，也是必不可少的体力恢复过程。良好的睡眠不但可以保证体力的恢复，而且人体的生长激素在睡眠过程中会大量分泌，其分泌的数量与睡眠时间、次数和睡眠质量都有密切关系，生长激素具有促进机体各种物质快速合成的作用。因此，充足和高质量的睡眠有利于运动员身体机能的恢复。擒拿格斗运动员应保证一天两次高质量的睡眠，午睡应在 2 小时左右，而晚上的睡眠时间应保证不得少于 8 小时。

2. 热水浴和桑拿浴

训练或比赛后进行热水浴，可促进全身血液循环和新陈代谢，加速代谢产物的消除，有利于营养物质的运输和肌肉机械性疲劳的消除。热水浴的温度一般为 40℃ 左右，每次 10～15 分钟，但不要超过 20 分钟，浴后进行充足的睡眠。桑拿浴同样可以加速全身血液循环和新陈代谢，加速代谢产物的消除，有利于营养物质的运输和肌肉机械性疲劳的消除。

目前桑拿浴是运动员普遍采用的一种运动后促进疲劳消除的物理手段。但值得注意的是，桑拿浴时应注意运动员的个体反应，切忌因时间过长导致机体脱水过多而发生昏厥等不利于健康的现象。

3. 按摩

按摩是一种良好的物理刺激，对神经系统可起兴奋和抑制作用。通过神经反射，影响各器官的功能，同时缓解运动训练过程中所造成的肌肉挛缩，对促进肌肉疲劳的消除十分有利。按摩时的手法、作用强度、持续时间等因素对神经系统的影响，是通过神经体液的调节机制和经络的传感进行的，起到调整身体机能状况、增强人体免疫功能和抗病能力的作用。按摩使肌肉中毛细血管扩张，使被按摩肌群的营养改善，有利于加速肌肉中的乳酸清除，因而可产生消除疲劳、缓解肌肉挛缩、提高肌肉工作能力的效果。按摩还可增强肌腱和韧带的弹性和活动幅度，从而使关节活动范围增大，有利于关节活动障碍的早日恢复。因此，按摩是消除疲劳的重要手段。按摩可用手、水或电动器械进行。

4. 理疗

理疗是利用各种物理治疗手段来加速肌肉疲劳的消除。目前运动队采用的理疗方式主要有远红外线治疗仪、红外线治疗仪、热敷、针灸等方式。无论采用哪种方式，都是通过促进机体的血液循环、加速代谢产物的消除和营养物质的转运，缓解肌肉的挛缩，从而促进肌肉疲劳的消除。

▮第十三章　急　救　常　识▲

　　运动性伤病包括运动损伤和运动性病症。运动损伤是指机体在运动中内力、外力的作用下引起的一系列急慢性损伤。运动性病症是指因训练、比赛安排不当或负荷过大而造成的运动员身体机能下降，或功能紊乱所出现的各种疾病与症状。

一、运动性伤病预防与救治的训练学意义

　　作为技能类格斗对抗性项目，以互相击打为对抗的基本形式，动作变化快，运动强度高，难免会发生伤病。严重损伤还会导致伤残或丧失生命，给运动员和群众带来了不良心理影响，因此阻碍了擒拿格斗的推广和普及。

　　伤病的有效预防，可以减少训练中伤病的发生，使运动训练得以持续健康地进行，保证训练水平不断提高。对意外和突然发生的损伤事故进行急救和有效的临时处理，可以保护伤者的生命安全，避免再度受到伤害，减轻痛苦，预防并发症，为转运和进一步治疗创造条件。另外，伤病及时合理地治疗和康复，可以阻止急性伤病的发展，促进慢性伤病的早期康复。

二、急救的原则和注意事项

　　急救时首先要解决主要问题，即救命在先，做好休克的防治。损伤时伤员常因出血、疼痛而发生休克。在现场急救时，要注意预防休克，若发生休克，必须优先抢救。其次，骨折、关节脱位、严重软组织损伤或合并其他器官损伤时，应做好受伤部位的包扎和固定，以便能安全转运和预防并发症。

　　急救必须分秒必争，力求迅速、准确、有效，做到快救、快送医院处理。救护人员要保持镇静，切不可惊慌失措或顾此失彼，即使出现危急情况也应镇静并有条不紊地进行抢救工作。经急救处理后，应陪伴伤员到医院，并向医生介绍发病情况，讲述急救经过。

三、休克急救处理

　　当伤员休克时，应立即让伤员平卧休息，注意保暖但勿过热，以免皮肤血管扩张而影响内脏器官的血流量并增加机体耗氧量。昏迷患者应松解衣领，侧偏头部，将舌牵出口外以保持呼吸道通畅，必要时可给氧或对其进行人工呼吸，针刺或用手指掐点人中、内关、

足三里、合谷等穴位，针刺时用强刺激手法；骨折或脱位的伤员应先做必要的急救固定；当伤处有出血时，应及时采取适当的方法止血，疑有内出血的患者应尽快送医院进行处理，疼痛剧烈时应给予镇痛剂和镇静剂，以减轻伤员的痛苦，防止休克加重。

四、骨折急救处理

(1) 严重骨折、多发性骨折或同时合并其他损伤的伤员，易发生休克，急救时要注意预防休克，若有休克必须先治疗休克，再处理骨折。

(2) 就地固定，骨折后应及时用夹板固定以免断端移动，防止损伤加重。

(3) 先止血再包扎伤口，伤员有伤口出血时应先止血，清洗创面，再包扎伤口并将其固定。为暴露伤口，可剪开衣服、鞋袜，切忌用手脱下。

五、关节脱位急救处理

关节脱位后，在没有医生或不能进行整复技术时，不可随意施行关节整复手术，以免加重关节周围软组织损伤。关节脱位后应立即用夹板、绷带或三角巾将伤肢固定于脱位时所形成的姿势，并尽快送到医院，争取及早复位。

六、击昏急救处理

训练员发生击昏后，应让其立即平卧休息，意识丧失者可使用催醒法(嗅氨水、掐人中等)，必要时也可注射强心剂。没有其他合并症者，一般预后良好。

七、脑震荡急救处理

当训练员发生脑震荡需要急救时，必须让伤员安静、平卧、保暖，不可随意搬动伤员，并让其坐或站立，昏迷不醒者可掐其人中，或嗅以氨水使之苏醒。治疗期间，应嘱伤员短期(一两周)卧床休息，保持安静和良好睡眠状态，直至头痛、恶心等症状消失为止。在护送去医院时，伤员应平卧，头侧用衣物等固定，避免头部摇晃及振动，以免加重病情。治疗休息期间，不能参加任何训练，否则会引发后遗症。

八、脑挫伤急救处理

若训练员发生脑挫伤，症状轻者的处理原则同脑震荡；症状重者应急送医院住院观察，并及时进行止血，减轻脑水肿，降低颅内压，预防合并症。注意受伤后应保持伤员的呼吸通畅，防止误吸。脑挫伤合并颈椎损伤者，在搬运时必须用护颈夹板固定头部，避免摇晃和震动。对于开放性脑损伤，应予以消毒包扎，如同时伴有休克发生，要及时进行抗休克处理。

参 考 文 献

[1]　邓方华. 少林擒拿绝技. 北京：人民体育出版社，2018.

[2]　周小青，张冬琴. 实用擒拿格斗术. 北京：金盾出版社，2015.

[3]　肖作洪，曾亦菡. 点苍擒拿八法. 北京：北京师范大学出版社，2011.

[4]　纪富礼，黄开瑞. 实用擒拿160招. 北京：北京体育大学出版社，2011.

[5]　翟东波，何杏娜，陈小嗷. 民航客舱防卫与控制. 北京：清华大学出版社，2021.

[6]　王卫东. 军警实用格斗术(上下). 北京：北京体育大学出版社，2000.

[7]　侯秋香，郑群英. 擒拿格斗实训教程. 长春：吉林大学出版社，2010.

[8]　舒建臣. 实用武术擒拿训练教程：擒拿解脱和反擒拿. 沈阳：辽宁科学技术出版社，2020.

[9]　韩建中. 擒拿反擒拿八十八法. 北京：人民体育出版社，2001.

[10]　赵大元. 擒拿秘籍〈九重天〉译注. 北京：人民体育出版社，2011.

[11]　韩金龙. 中国保安特训教程. 北京：北京体育大学出版社，2016.

[12]　周直模. 徒手擒拿格斗术. 北京：人民体育出版社，2016.

[13]　赵大元. 实用擒拿学. 北京：人民体育出版社，2018.

[14]　周之华. 擒拿格斗. 北京：高等教育出版社，2013.

[15]　安在峰. 武术实用擒拿大全. 北京：人民体育出版社，2011.

[16]　徐强，曲淑群. 擒拿格斗. 长春：吉林科学技术出版社，2013.

[17]　刘明亮. 擒拿基础小功法. 北京：人民体育出版社，2021.

[18]　李德祥，王泽. 武术擒拿格斗. 北京：北京师范大学出版社，2013.